LOS SECRETOS DEL PROMPT ENGINEERING

Domina la IA generativa con más de
200 ejemplos y ejercicios prácticos

Miguel Ángel Romero Pasamontes

Esto siempre es gracias a los mios, quienes me dais vida día tras día, empujandome a superarme y mejorarme, quienes hacéis que cada día sea algo mejor y siempre exista una marca que rebasar, una ilusión que convertir en realidad y un motivo para amar la vida.

Gracias por todos esos momentos y los que vendrán.

Ya sabéis quienes sois.

CONTENTS

MÓDULO 1: INTRODUCCIÓN AL PROMPT ENGINEERING

Empezamos oficialmente nuestro camino para dominar la comunicación con la Inteligencia Artificial Generativa, esas herramientas fascinantes capaces de crear texto, código, e ideas a partir de lo que les pedimos.

Quizás ya las uses a diario. Le pides que escriba algo, que te explique un tema, que te ayude con una tarea... Y a veces, la respuesta es genial. ¡Justo lo que necesitabas!

Pero otras veces, no tanto. La respuesta es genérica. O se va por las ramas. O directamente no entendió la pregunta. Da un poco de rabia, ¿verdad? Piensas: "Si es tan inteligente, ¿por qué no me entiende?"

La clave no siempre está en la IA. Muchas veces, está en cómo le pedimos las cosas.

1.1 ¿Qué es Realmente el Prompt Engineering?

Imagina que tienes un genio súper poderoso a tu disposición. Puede hacer casi cualquier cosa que le pidas. Pero hay una regla: solo entiende instrucciones perfectamente formuladas. Si tu deseo es vago o confuso, el genio hará algo... pero quizás no lo que tenías en mente.

El Prompt Engineering es precisamente eso: aprender a escribir esos "deseos" o instrucciones (los prompts) para que nuestro "genio" de la IA (el modelo de lenguaje grande o LLM) entienda exactamente qué tiene que hacer y cómo debe hacerlo.

Un Prompt es, simplemente, el texto que le das a la IA. Puede ser una pregunta ("¿Qué hora es en Tokio?"), una orden ("Escribe un email pidiendo una reunión"), o un texto para que continúe o modifique ("Érase una vez, en un reino muy lejano...").

El término "Engineering" (Ingeniería) nos dice que hay una técnica, un diseño detrás. No es escribir lo primero que se te ocurre. Es pensar de forma estructurada:

- ¿Qué quiero conseguir exactamente?
- ¿Qué información necesita la IA para hacerlo bien?
- ¿Cómo le pido el formato o estilo que deseo?
- ¿Hay algo que no quiero que incluya?

Es diseñar la comunicación para ser lo más efectiva posible. Es como ser un arquitecto de preguntas. Construyes la instrucción perfecta, pieza a pieza, para que la IA construya la respuesta que tú visualizas.

No es necesario ser un ingeniero informático para hacer *Prompt Engineering*. Es necesario ser una persona que piensa de forma clara y organizada... ¡y que le gusta experimentar!

1.2 Por Qué Dominar la Comunicación con la IA es Fundamental Hoy

Las IAs generativas ya no son solo una curiosidad. Son herramientas de trabajo, de estudio, de creatividad y de ayuda personal para millones de personas.

Pero la calidad de lo que obtienes de ellas depende enorme y directamente de la calidad de tu prompt.

Saber Prompt Engineering te da un control sin precedentes sobre estas herramientas. Te permite pasar de usar la IA como una calculadora básica, a usarla como un co-piloto inteligente capaz de realizar tareas complejas.

Piensa en estas situaciones:

- Tarea: Redactar un email profesional para un cliente importante.

  - **Prompt Básico (Malo):** "Escribe un email a un cliente." (Resultado: Un email genérico, quizás demasiado informal o formal, que no menciona el cliente ni el tema específico).
  - **Prompt Diseñado (Bueno):** "Eres un representante de ventas experimentado. Redacta un email formal para [Nombre del Cliente] de la empresa [Nombre de la Empresa Cliente]. El objetivo es hacer seguimiento sobre nuestra propuesta del [Fecha de Propuesta] y proponer una llamada rápida la próxima semana para resolver dudas. Menciona el beneficio clave de nuestra solución para [Problema Específico del Cliente]. Firma como [Tu Nombre]." (Resultado: Un email listo para enviar, personalizado, profesional y con el objetivo claro).

- Tarea: Explicar un concepto técnico complejo (como la física cuántica) a alguien sin conocimientos previos.

  - **Prompt Básico (Malo):** "Explica la física cuántica." (Resultado: Una explicación compleja llena de jerga que no se entiende).
  - **Prompt Diseñado (Bueno):** "Actúa como un profesor de secundaria entusiasta. Explica los conceptos básicos de la física cuántica de forma súper sencilla, usando analogías de la vida diaria. Imagina que se lo explicas a estudiantes de 15 años. No uses fórmulas. Enfócate en la idea de que las partículas son raras y

pueden estar en varios sitios a la vez." (Resultado: Una explicación comprensible, con ejemplos, adaptada al nivel).

- Tarea: Generar ideas para una campaña de marketing en redes sociales.

  - **Prompt Básico (Malo):** "Ideas para marketing en Instagram." (Resultado: Ideas muy generales que no sirven para nada específico).
  - **Prompt Diseñado (Bueno):** "Eres un especialista en marketing digital para pequeñas empresas. Necesito 5 ideas creativas para posts de Instagram para promocionar una nueva cafetería en el barrio de [Nombre del Barrio]. Queremos atraer a jóvenes estudiantes y trabajadores autónomos. Las ideas deben enfocarse en el ambiente acogedor y el café de especialidad. Para cada idea, incluye una breve descripción y un posible llamado a la acción." (Resultado: Ideas concretas, enfocadas en el público y el lugar, con un plan de acción).

¿Ves la diferencia? El Prompt Engineering te convierte en el director de orquesta de la IA. No solo le pides que toque música, le indicas qué pieza, con qué ritmo, qué instrumentos deben sonar más alto y qué emoción debe transmitir. Esta habilidad no es el futuro, es el presente del trabajo con IA.

1.3 El Proceso Iterativo: Tu Laboratorio de Experimentación

Entender esto es fundamental: casi nunca acertarás con el mejor prompt a la primera. ¡Y eso es completamente normal!

El Prompt Engineering es un proceso de experimentación constante. Es un ciclo de Intentar, Observar, Aprender y Ajustar.

1. **Intentar:** Escribes el prompt inicial. Es tu primera hipótesis sobre cómo conseguir la respuesta deseada.
2. **Observar:** Lees y analizas cuidadosamente la respuesta que la IA te da. Aquí eres un detective. ¿Qué partes funcionaron? ¿Cuáles no? ¿Hay errores? ¿Ignoró alguna instrucción?
3. **Aprender:** Basándote en tu observación, intentas entender *por qué* la IA respondió así. Quizás tu instrucción no fue clara. Quizás faltó contexto. Quizás el formato que pediste era ambiguo. Identificas el problema en tu prompt.
4. **Ajustar:** Modificas tu prompt original corrigiendo lo que aprendiste que falló. Haces la instrucción más precisa, añades el contexto que faltaba, clarificas el formato, o pruebas una forma diferente de preguntar.

Mini-Ejemplo de Iteración:

- Primer Intento de Prompt: "Escribe un poema sobre la primavera."
- Respuesta de la IA: Un poema muy general sobre flores y sol.
- Observación y Aprendizaje: El poema es correcto, pero es muy visto. Quería algo más original, quizás con un toque melancólico que contraste con la alegría típica de la primavera. Mi prompt fue demasiado vago.
- Ajuste del Prompt: "Escribe un poema corto sobre la primavera. Captura la sensación de que, aunque todo florece, hay una ligera melancolía por algo que ya pasó. Usa lenguaje sensorial (olores, sonidos). El tono debe ser agridulce."
- Segundo Intento con Prompt Ajustado: (Probablemente obtengas un poema que se acerque mucho más a la idea original).

Este ciclo se repite. A veces necesitarás solo un par de ajustes. A veces, muchos más para tareas muy específicas o creativas.

Abraza este proceso. Es tu laboratorio personal para entender cómo "piensa" la IA y cómo guiarla mejor.

1.4 El Universo de la IA Generativa (Y Dónde Encaja Esta Guía)

Cuando hablamos de Inteligencia Artificial hoy en día, hay una parte que nos sorprende mucho: la IA Generativa.

"Generativa" significa que esta IA es capaz de crear algo nuevo que antes no existía. A diferencia de otras IAs que analizan datos o reconocen cosas (como si una foto tiene un gato o un perro), la IA Generativa produce contenido original.

Este contenido que crea puede venir en muchas formas o modalidades diferentes:

- **Texto:** Es la IA que escribe. Puede generar historias, poemas, emails, artículos, resúmenes, guiones, ¡e incluso código de programación! Es como tener un escritor o co-escritor muy rápido.
- **Imágenes:** Crea dibujos, pinturas o fotos realistas a partir de descripciones escritas o de otras imágenes. Es como tener un artista digital a tu orden.
- **Audio:** Genera música de diferentes estilos, o crea voces que suenan como personas hablando (incluso puede imitar voces si se le entrena para ello). Es como tener un músico o actor de doblaje instantáneo.
- **Video:** Crea clips de video, a veces a partir de texto, imágenes, o combinando y modificando videos existentes. Es como tener un pequeño estudio de animación o edición de video.
- **Código:** Genera líneas o bloques de código en distintos lenguajes de programación para ayudarte a crear software. A menudo están dentro de las IAs de texto, pero su función principal es escribir software.
- **Multimodal:** Algunos de los modelos más avanzados pueden entender y/o generar contenido de *varios* de estos

tipos a la vez. Por ejemplo, pueden ver una foto y hablar sobre ella, o tomar texto e imágenes para generar un video.

Como ves, el mundo de la IA Generativa es súper amplio y fascinante, ¡lleno de posibilidades creativas!

El Foco de Esta Guía: La Comunicación con IAs de Texto (LLMs)

Aunque existen todos estos tipos de IA Generativa, esta guía se va a concentrar en cómo comunicarte de forma experta con las IAs que generan texto, aunque insisto, veremos algún ejemplo en el módulo correspondiente, sobre como realizar prompts efectivos en el resto de tipos de IA Generativa.

Son los Modelos de Lenguaje Grandes, conocidos por sus siglas en inglés como LLMs (Large Language Models).

Piensa en los LLMs como las IAs que son expertas en entender y producir lenguaje humano escrito (y también código, que al final es otro tipo de lenguaje). Han "leído" cantidades de texto tan inmensas que han aprendido a usar el lenguaje de maneras muy sofisticadas.

Herramientas muy populares como ChatGPT, Gemini, Grok, Claude o Copilot (cuando lo usas para escribir) son ejemplos de LLMs o se basan en ellos. Hay muchos otros modelos LLM desarrollados por diferentes empresas o comunidades. Aunque cada uno tiene sus particularidades, los principios clave para darles instrucciones de texto son muy similares.

Esta guía te enseñará a ser un maestro o maestra en dar esas instrucciones de texto (prompts) a *este tipo* de IAs.

- **Tokens:** Los Ladrillos del Texto que Usan los LLMs. Es importante saber que, internamente, los LLMs no trabajan con palabras enteras como unidades básicas, sino con tokens. Un token es una pequeña parte de texto. Puede ser una palabra, parte de una palabra, un número o un signo de puntuación.

o   Por ejemplo: La frase "Estoy aprendiendo Prompting" podría dividirse en tokens como ["Estoy", " aprend", "iendo", " Prompt", "ing"]. Los espacios y la terminación de las palabras también se convierten en tokens.

¿Por qué te interesa saber esto? La Ventana de Contexto. Los LLMs solo pueden procesar un número limitado de tokens a la vez. Esto incluye tanto los tokens de tu prompt como los tokens de la respuesta que generan. Este límite se llama la **Ventana de Contexto**. Si la conversación se alarga mucho o le das un texto de entrada muy extenso, la IA puede "olvidar" el inicio porque se sale de su ventana de contexto actual.

- Ser consciente de los tokens y la ventana de contexto te ayuda a entender por qué a veces necesitas resumir información para la IA o recordarle cosas en prompts siguientes durante una conversación larga. Te permite manejar mejor las limitaciones prácticas de estos modelos.

1.5 Cómo el Prompt Dirige a la IA ¡Primeros Ejemplos Sencillos!

Ahora que sabes que los LLMs son IAs expertas en texto que trabajan con tokens, entendamos cómo tu prompt las controla.

Como dijimos, un LLM ha "leído" casi todo. Tiene un conocimiento inmenso. Cuando le das un prompt, es como si activaras una parte específica de todo ese conocimiento.

La IA funciona prediciendo cuál es el siguiente token más probable basándose en los tokens anteriores (tu prompt y la conversación previa) y en su entrenamiento. Tu prompt es la señal más importante para influir en esa predicción. Le dice a la IA qué camino debe seguir en su vasto conocimiento para generar la respuesta que tú buscas.

Veámoslo con un ejemplo simple:

Imagina que tienes el siguiente texto sobre los beneficios de caminar:

Caminar es una actividad física sencilla pero muy beneficiosa. Ayuda a mejorar la salud cardiovascular, fortalece los músculos, contribuye al control del peso y reduce el estrés. Es accesible para la mayoría de las personas y puede practicarse casi en cualquier lugar. Caminar 30 minutos al día puede tener un impacto significativo en el bienestar general. Además, es una excelente oportunidad para disfrutar del aire libre y despejar la mente.

Si le das a la IA un prompt vago como este:

- Prompt: Resume el siguiente texto: [Aquí pones el texto]

  ¿Qué obtendrás? Probablemente, un resumen general. Puede ser más largo o más corto de lo que necesitas, con un lenguaje neutro, sin un enfoque particular. La IA usa su conocimiento general de "resumir", pero no sabe *tu* intención específica.

Pero si usas un prompt diseñado (aplicando ya principios básicos de PE):

- Prompt: Actúa como un médico. Resume los principales BENEFICIOS PARA LA SALUD de caminar, basándote en el siguiente texto. El resumen debe ser para una persona mayor, con un lenguaje sencillo y alentador. Presenta los beneficios en una lista de 3 puntos clave. Texto: [Aquí pones el texto]

  ¿Qué obtendrás? Es muy probable que la IA te dé un resumen enfocado solo en los beneficios para la salud, explicado de forma sencilla y positiva, presentado como una lista de 3 puntos, y sonando como si te lo dijera un médico amable a una persona mayor. ¡Mucho más útil para esa necesidad específica!

Este contraste básico muestra el poder del prompt. No es solo darle texto a la IA; es darle la dirección correcta. Es ser el guía que le dice a la IA qué camino tomar en el laberinto de información que ha aprendido.

En las próximas secciones, desglosaremos los principios y técnicas para que aprendas a ser ese guía experto y consigas que la IA genere exactamente lo que necesitas, sin importar la complejidad de la tarea.

Ejercicio Rápido para Empezar ¡Pruébalo con tu IA favorita!

Intenta pedirle a una IA dos cosas:

1. **Prompt Vago:** *"Háblame de perros."*
2. **Prompt Diseñado:** *"Eres un veterinario explicando las razas de perros más populares a un niño de 8 años. Menciona 3 razas, describe brevemente cómo son y di algo interesante de cada una en un lenguaje muy sencillo y divertido. Usa emojis."*

Observa la diferencia en las respuestas. ¿Cuál es más útil y se ajusta mejor a una posible necesidad real? Reflexiona sobre *por qué* la segunda respuesta es mejor.

MÓDULO 2: PRINCIPIOS FUNDAMENTALES PARA PROMPTS EFECTIVOS

Ya te has familiarizado con qué es el Prompt Engineering y el tipo de IAs con las que trabajaremos (los LLMs). Ahora, toca construir los cimientos. Antes de aprender técnicas avanzadas, necesitamos dominar los principios básicos que hacen que cualquier prompt sea efectivo.

Estos principios son como las herramientas esenciales en la caja de un artesano. Las usarás en casi todos tus prompts, sin importar lo simple o complejo que sea lo que quieras conseguir. Dominarlos es el primer gran paso para convertirte en un/a experto/a.

Vamos a explorar cada uno de estos principios en detalle, con más ejemplos y explicaciones.

2.1 La Regla de Oro: Claridad y Especificidad

Ya lo dijimos, pero es tan importante que merece la pena profundizar. Sé claro y específico. Es el mandamiento número uno del Prompt Engineering.

¿Por qué insisto tanto? Porque la IA, al haber "leído" tanto, tiene una cantidad casi infinita de formas de responder a una petición. Si le pides algo de forma vaga, es como soltarla en una biblioteca gigantesca sin darle el número de estantería. Podría encontrar *algo* relacionado, pero las probabilidades de que encuentre *exactamente lo que tú buscas* son bajas.

- **Claridad:** Significa que tu lenguaje sea directo y fácil de interpretar. Evita frases enrevesadas, ambigüedades o modismos locales que la IA quizás no entienda bien en ese contexto. Usa términos precisos.
- **Especificidad:** Significa añadir el detalle necesario para acotar las posibilidades y guiar a la IA hacia la respuesta correcta. Cada detalle relevante que añadas es como darle a la IA una pista para encontrar el camino exacto en esa gran biblioteca de conocimiento.

¿Qué tipo de detalles ayudan a ser específico?

- **La Tarea:** ¿Qué acción exacta debe realizar la IA? (ej: resumir, comparar, crear lista, escribir código, explicar, traducir).
- **El Tema:** ¿Sobre qué debe tratar la tarea? (ej: "la fotosíntesis", "las causas de la Primera Guerra Mundial", "cómo hacer una paella").
- **La Audiencia:** ¿Para quién es la respuesta? Esto influye en el lenguaje y el nivel de detalle (ej: "para un niño de 5 años", "para un colega técnico", "para el público general").
- **El Propósito:** ¿Para qué quieres la respuesta? ¿Es para informar, persuadir, entretener, educar? (ej: "para convencer de reciclar", "para aprender un concepto", "para pasar un buen rato").
- **Elementos Requeridos:** ¿Hay algo que *debe* estar sí o sí en la respuesta? (ej: "debe incluir ejemplos", "menciona al menos 3 causas", "incluye estadísticas recientes").

Más Ejemplos Contrastados:

- Tarea: Explicar un Concepto

  - **Prompt Vago:** Explícame qué es la energía nuclear. (Resultado: Explicación genérica, quizás técnica).
  - **Prompt Específico:** Actúa como un divulgador científico en un podcast para adolescentes. Explica qué es la energía nuclear, cómo funciona una central de forma MUY simplificada, y menciona una ventaja y una desventaja clave. Usa un lenguaje divertido y cercano. Máximo 3 párrafos. (Resultado: Explicación adaptada, simple, con puntos clave y tono definido).

- Tarea: Escribir Contenido Creativo

  - **Prompt Vago:** Escribe un poema sobre el mar. (Resultado: Poema genérico con clichés marinos).
  - **Prompt Específico:** Escribe un poema corto (12-16 versos) en primera persona desde la perspectiva de una gaviota observando el mar en una mañana de niebla. El tono debe ser un poco misterioso y nostálgico. Usa metáforas relacionadas con el silencio y el movimiento lento. (Resultado: Poema original con perspectiva, longitud, tono y metáforas específicas).

La especificidad es tu mapa para que la IA llegue a la respuesta correcta en esa inmensa biblioteca. Tómate un momento para pensar qué detalles *realmente* necesita la IA para no tener que adivinar.

Consejo Rápido: ¡Evita las instrucciones contradictorias en un mismo prompt! No pidas algo "corto" y "muy detallado" a la vez, o un "tono formal" y "lenguaje vulgar". Esto confunde a la IA.

Ejercicio 2.1 ¡Diseña tus Instrucciones!:

Piensa en dos tareas diferentes que podrías pedirle a la IA (una puede ser creativa, otra informativa). Para cada tarea, escribe un prompt lo más específico posible, definiendo claramente la tarea, el tema, la audiencia (si aplica), el propósito y los elementos clave que debe incluir. ¡Sé detallado!

2.2 Dotando de Contexto a la IA

El contexto es el *escenario* o la *información de fondo* que le das a la IA para que entienda la solicitud en su justa medida. No es la instrucción principal, es lo que la rodea y la hace relevante para ti.

Piensa en pedirle a alguien que tome una decisión: "Deberías ir". Esta frase no significa nada sin el contexto: "¿Ir a dónde? ¿Con quién? ¿Para qué? ¿Cuándo? ¿Por qué me lo dices a mí?". El contexto lo cambia todo.

Para la IA, el contexto es vital porque le ayuda a activar la parte correcta de su vasto conocimiento. Si le hablas de "manzanas" en un contexto de "frutas", pensará en la fruta. Si le hablas de "manzanas" en un contexto de "empresas de tecnología de los 80", pensará en Apple. El contexto dirige su interpretación.

Tipos de Contexto que Puedes Proporcionar:

- **Contexto de Datos o Fuente:** Es el texto, código, datos o información específica que la IA debe usar como base para su respuesta. (El ejemplo de resumir un texto entra aquí).
  - *Ejemplo:* Analiza la siguiente reseña de cliente para identificar las quejas principales: "La aplicación es lenta y difícil de navegar, aunque el diseño es bonito." (La reseña es el contexto de datos).
- **Contexto de Situación o Escenario:** Describir la situación o el problema que rodea tu solicitud.
  - *Ejemplo:* Estoy preparando una presentación sobre energías renovables para un público de no expertos. Necesito ideas para engancharles al principio. (El

contexto es "preparando presentación", "energías renovables", "público no experto", "necesito ideas para el inicio").

- **Contexto Conversacional** (¡Cuidado con la Ventana!): En un chat de IA, la conversación previa sirve como contexto. La IA "recuerda" lo que has dicho antes (dentro de su límite de tokens/ventana de contexto). Si cambias de tema o la conversación se hace muy larga, puede "olvidar" el contexto inicial. A veces, necesitas recordárselo o empezar una nueva conversación.
- **Contexto de Conocimiento Previsto:** A veces le pides que use un conocimiento específico.
  - *Ejemplo:* Basándote en la historia de la Antigua Roma, describe un día en la vida de un legionario. (El contexto es "historia de la Antigua Roma").

Dar contexto relevante es como darle a la IA un mapa de dónde debe buscar la respuesta y qué información de fondo es importante.

- *Ejemplo Combinando Contexto y Especificidad:* Aquí tienes un email que recibí de un proveedor: [Pegas el email]. Actúa como mi asistente personal. Redacta una respuesta CORTA y FORMAL confirmando que recibimos el email y que revisaremos la información esta semana. No confirmes nada más. (Aquí el email es contexto de datos, "mi asistente personal" es un rol/contexto, y el resto son especificaciones de salida y restricciones).

Ejercicio 2.2 Ampliado ¡Sé un Arquitecto de Escenarios!:

Elige un tema o problema (ej: "ahorrar dinero para comprar una casa"). Escribe un prompt pidiendo consejos a la IA, pero crea dos escenarios de contexto diferentes para ver cómo la respuesta debería variar:

1. Prompt A: Con el contexto de una persona joven, recién independizada, con ingresos bajos y pocas nociones de

finanzas.

2. Prompt B: Con el contexto de una persona de edad media, con familia, hipoteca previa y un buen nivel de ingresos pero gastos elevados.

Define claramente el contexto al principio de cada prompt.

2.3 Definiendo la Salida Deseada: Formato, Longitud, Estilo y Tono

Si quieres que la respuesta de la IA sea útil para algo específico, tienes que ser muy preciso sobre *cómo* quieres que sea esa respuesta. No solo *qué* decir, sino *cómo* presentarlo.

- **Formato**: La estructura física de la respuesta.

  - *Por qué importa:* Un resumen en párrafos no sirve si necesitas una lista de puntos clave para una presentación rápida. Una lista no sirve si necesitas el texto continuo para un informe.
  - *Cómo pedirlo:* en una lista numerada, con viñetas, una tabla con columnas X e Y, en formato JSON, separado por guiones, en un solo párrafo, en formato de script de video.
  - *Ejemplos:*
    - Transforma la siguiente receta en una lista numerada de pasos: [Receta]
    - Crea una tabla comparativa de las ventajas y desventajas de la energía solar y eólica.
    - Extrae la siguiente información en formato JSON: {"nombre": "", "edad": ""}. Texto: [...] (Muy útil para programadores).

- **Longitud**: La extensión de la respuesta.

  - *Por qué importa:* Una respuesta demasiado larga puede abrumar; una demasiado corta puede carecer de detalle.

- *Cómo pedirlo:* muy corto, conciso, extenso, detallado, en X palabras, en X frases, en X párrafos, aproximadamente X palabras.
- *Ejemplos:*
  - Dame un resumen muy conciso de la noticia (máximo 50 palabras).
  - Explícame el proceso con gran detalle, cubriendo todos los pasos importantes.
  - Escribe un ensayo de 300 palabras sobre el impacto de la tecnología.

- **Estilo**: El modo de expresar las ideas, la elección de palabras y la estructura de las frases.

  - *Por qué importa:* Un estilo inapropiado puede hacer que el mensaje no llegue a la audiencia correcta o no cumpla su propósito (no hablarías igual en un informe científico que en un post de blog personal).
  - *Cómo pedirlo:* formal, informal, académico, coloquial, técnico, narrativo, periodístico, minimalista, descriptivo.
  - *Ejemplos:*
    - Reescribe esta descripción de producto en un estilo comercial y persuasivo.
    - Escribe un cuento corto con un estilo similar al de Edgar Allan Poe.

- **Tono**: El sentimiento o la actitud que transmite la respuesta.

  - *Por qué importa:* El tono adecuado conecta emocionalmente con la audiencia y refuerza el propósito del mensaje (un mensaje serio para riesgos,

SR. MIGUEL ÁNGEL ROMERO PASAMONTES

uno alegre para una celebración).

- ○ ***Cómo pedirlo:*** entusiasta, serio, humorístico, optimista, pesimista, amigable, urgente, neutral, cauteloso.
- ○ *Ejemplos:*
  - Escribe un anuncio para un concierto con un tono muy enérgico y que genere expectación.
  - Responde a esta queja de cliente con un tono empático y resolutivo.

Puedes (¡y debes!) combinar estas especificaciones en un mismo prompt para guiar a la IA con precisión.

En este ejemplo, pongo entre paréntesis lo que no debes escribir pero te tiene que servir de aclaración sobre el porqué se escribe el texto justamente anterior.

- *Ejemplo Combinado Potente:* Eres un asesor financiero. Analiza este informe de mercado [Pegas informe]. Escribe un resumen EJECUTIVO para mis inversores (AUDIENCIA). Debe ser FORMAL (ESTILO), CONCISO (LONGITUD), centrado en las oportunidades y riesgos (RESTRICCIÓN POSITIVA). Preséntalo en una LISTA CON VIÑETAS de 5 puntos clave (FORMATO). El TONO debe ser realista pero optimista.

Ejercicio 2.3 ¡Maestro/a de la Presentación!:

Toma un tema que te interese explicar (ej: "cómo cultivar tomates"). Escribe tres prompts diferentes, pidiéndole a la IA que explique el proceso, pero variando radicalmente la salida deseada (combinando formato, longitud, estilo y tono):

1. Prompt A: Para un blog de jardinería profesional. Pide formato de artículo con encabezados, extenso y detallado, estilo técnico pero accesible, tono informativo y útil.
2. Prompt B: Para un post corto de Instagram. Pide formato de lista con emojis, muy corto (pocas frases),

estilo informal y amigable, tono entusiasta.

3. Prompt C: Para una ficha resumen para un libro de texto. Pide formato de tabla (columnas: Paso, Descripción, Consejo), longitud concisa en cada celda, estilo académico y objetivo, tono neutral.

Observa la diversidad de respuestas que puedes generar a partir del mismo tema base.

2.4 El Poder del Rol: Asignar Personas a la IA

Asignarle un rol o persona a la IA ("Actúa como...", "Imagina que eres...", "Eres...") es como darle un disfraz y un guion. Le pides que se meta en la piel de alguien o algo con un conocimiento, una perspectiva y una forma de expresarse particulares.

¿Por qué funciona tan bien? Durante su entrenamiento masivo, la IA ha procesado incontables textos escritos por (o sobre) todo tipo de personas: médicos, poetas, científicos, niños, personajes históricos, etc. También ha procesado textos en diferentes situaciones y con diferentes "voces". Al darle un rol, le estás pidiendo que active los patrones de lenguaje y conocimiento asociados a ese rol específico.

El rol actúa como un filtro muy potente. De todo su conocimiento, la IA seleccionará y priorizará lo que es relevante y se expresará de la manera en que lo haría esa persona o entidad.

Ejemplos de Roles y el Cambio en la Respuesta:

- Tema: Explicar por qué el cielo es azul.

  - Rol: Científico de la NASA: La explicación será muy técnica, usando términos de física, longitudes de onda, dispersión de Rayleigh.
  - Rol: Poeta: La explicación será metafórica, lírica, hablando de sentimientos que evoca el azul, quizás sin dar una razón científica exacta.
  - Rol: Niño de 5 años: La explicación será simple, quizás

incorrecta pero imaginativa, hablando de "pintura" o "humor del cielo".

○ Rol: Guía turístico: Podría hablar de cómo el cielo azul complementa el paisaje o la arquitectura.

- Tema: Dar consejos sobre productividad.

  ○ Rol: Entrenador Personal: Podría enfocarlo en la disciplina, la energía física y la rutina.

  ○ Rol: Consultor de Negocios: Se centrará en la eficiencia, la gestión del tiempo, la delegación, el impacto en resultados.

  ○ Rol: Filósofo Estoico: Hablará sobre el control de las distracciones internas, el enfoque en lo que puedes controlar, la aceptación.

Puedes usar roles muy específicos, personajes famosos (si el modelo los conoce por su entrenamiento), o incluso roles abstractos ("Actúa como un sistema de alerta temprana"). El límite es la capacidad del modelo para "entender" ese rol a partir de sus datos de entrenamiento.

El rol no solo define el estilo y el tono, a menudo define *qué información* considera la IA relevante y *cómo* la estructura según esa perspectiva. Es una de las formas más rápidas y efectivas de moldear la respuesta de la IA.

Ejercicio 2.4 Ampliado (¡Despliega una Galería de Personajes!):

Elige un tema que permita diferentes perspectivas (ej: "¿es bueno comer chocolate?"). Escribe cuatro prompts diferentes pidiéndole a la IA que responda a esa pregunta, asignando un rol distinto en cada caso. Intenta roles variados:

1. Prompt A: Rol de nutricionista.
2. Prompt B: Rol de pastelero apasionado.
3. Prompt C: Rol de personaje histórico que no conocía el

chocolate.

4. Prompt D: Rol de comentarista deportivo (busca una analogía con el deporte).

Compara las respuestas y observa cómo el rol cambia radicalmente el enfoque, el lenguaje y la información considerada relevante.

2.5 Estableciendo Restricciones: Qué Incluir y Qué Evitar

A veces, guiar a la IA no solo se trata de decirle qué hacer, sino de ponerle límites claros sobre el *contenido* o la *forma*. Las restricciones te permiten hacer eso, afinando aún más la respuesta.

Las restricciones positivas son requisitos que la IA debe cumplir sí o sí. Son elementos obligatorios.

- *Ejemplo:* Escribe un email invitando a una charla. RESTRICCIÓN: El email DEBE incluir la hora, la fecha y el lugar.
- *Ejemplo:* Genera 5 ideas de nombres para un perro. RESTRICCIÓN: Cada nombre DEBE tener 2 sílabas.
- *Ejemplo:* Analiza este informe. RESTRICCIÓN: SOLO usa datos del apartado 3. (Aquí la restricción positiva es sobre la fuente de información).

Las restricciones negativas son cosas que la IA debe evitar o no debe incluir en la respuesta. Es decirle "Por aquí no vayas". Introducen el concepto de "Negative Prompting".

- *Ejemplo:* Describe un volcán. RESTRICCIÓN NEGATIVA: NO menciones la lava.
- *Ejemplo:* Escribe una reseña de un libro. RESTRICCIÓN NEGATIVA: EVITA dar spoilers importantes.
- *Ejemplo:* Dame ideas para cenar rápido. RESTRICCIÓN NEGATIVA: Las ideas NO deben incluir carne.

Aunque las IAs son muy buenas siguiendo restricciones, a veces pueden fallar con las negativas, especialmente si la restricción es muy difícil de cumplir (ej: "Describe un perro sin usar palabras que describan animales"). Pero en general, son muy útiles para refinar la salida.

¿Por qué poner restricciones? Porque ayudan a la IA a acotar el espacio de búsqueda de su respuesta. Si le pides algo sin restricciones, tiene *todas* las opciones. Si le pones restricciones, reduces las opciones válidas, haciendo que sea más probable que acierte con lo que quieres.

- *Ejemplo Combinando Principios y Restricciones:* Eres un experto en historia medieval. Escribe un breve párrafo (LONGITUD) con un tono serio (TONO) sobre la vida en un castillo. RESTRICCIÓN POSITIVA: DEBE mencionar la importancia de la agricultura. RESTRICCIÓN NEGATIVA: NO uses la palabra "caballero".

Ejercicio 2.5 Ampliado (¡Define el Campo de Juego de la IA!):

Piensa en una tarea donde es tan importante lo que *no* quieres como lo que sí quieres (ej: "crear una lista de deseos de cumpleaños"). Escribe un prompt aplicando:

1. Una restricción positiva (ej: "DEBE incluir al menos un libro").
2. Una o dos restricciones negativas (ej: "NO debe incluir nada electrónico", "EVITA cosas de color azul").

Añade también otras especificaciones de los principios anteriores (ej: pide la lista en un FORMATO específico, un TONO amigable).

MÓDULO 3: TÉCNICAS ESENCIALES DE PROMPT ENGINEERING

En el Módulo 2, establecimos los principios fundamentales que hacen que cualquier prompt sea efectivo: ser claro, específico, dar contexto, definir la salida, usar roles y establecer restricciones. Estos principios son tu base.

Ahora, en el Módulo 3, vamos a construir sobre esa base explorando técnicas específicas de prompt engineering. Estas técnicas son "recetas" o "estructuras" probadas que combinan esos principios de formas particulares para lograr resultados concretos. Son tus primeras herramientas avanzadas para tareas comunes.

Dominar estas técnicas te permitirá comunicarte con la IA de manera mucho más estratégica y obtener resultados predecibles y de alta calidad.

3.1 Zero-Shot Prompting: Preguntando Sin Dar Ejemplos

Empezamos por la técnica más simple, aunque a menudo muy potente. El Zero-Shot Prompting consiste en pedirle a la IA que realice una tarea sin proporcionarle ningún ejemplo de cómo se hace esa tarea dentro del mismo prompt. Le das la instrucción y esperas que use su conocimiento general para cumplirla.

¿Cómo funciona?

Recuerda que los LLMs han sido entrenados con cantidades gigantescas de datos de internet. Han visto millones de ejemplos de preguntas con sus respuestas, textos con sus resúmenes, frases en un idioma con su traducción, etc.

Cuando haces un prompt Zero-Shot, confías en que la IA, gracias a todo ese entrenamiento previo, ya "sabe" cómo realizar el tipo de tarea que le pides, aunque nunca la haya visto *exactamente así* antes ni le estés mostrando un ejemplo *en este momento*. Es como si le pidieras a una persona que ha estudiado geografía: "¿Cuál es la capital de Australia?". No necesitas darle ejemplos de otras capitales, ¡ya lo sabe!

Ventajas del Zero-Shot Prompting:

- **Simplicidad**: Es la forma más directa y rápida de hacer una pregunta o dar una instrucción.
- **Flexibilidad**: Funciona bien para una enorme variedad de tareas generales para las que la IA fue entrenada (preguntas de conocimiento general, traducciones básicas, resúmenes sencillos).
- **No Necesita Datos Adicionales**: No tienes que buscar o crear ejemplos para el prompt, lo que ahorra tiempo y esfuerzo.

Desventajas del Zero-Shot Prompting:

- **Menos Fiabilidad** en Tareas Complejas o Novedosas: Para tareas que requieren un formato de salida muy específico, un estilo particular, o un razonamiento complejo, la IA puede fallar o dar resultados inconsistentes si no tiene un ejemplo que seguir.
- **Resultados Genéricos**: La respuesta tiende a ser una "media" de lo que la IA ha visto sobre ese tema o tarea, no adaptada a matices muy específicos tuyos.
- **Menor Control sobre el Formato y Estilo**: Es difícil

garantizar que la salida tenga una estructura o un tono muy concretos solo con instrucciones Zero-Shot.

Ejemplos de Zero-Shot Prompting:

- Pregunta de Conocimiento General:

    - **Prompt:** ¿Quién escribió "Cien años de soledad"?
    - **Resultado probable**: Gabriel García Márquez. (La IA simplemente recupera un dato de su entrenamiento).

- Clasificación Sencilla:

    - **Prompt:** Clasifica el sentimiento de este texto como positivo, negativo o neutral: "El servicio fue un poco lento, pero la comida estaba deliciosa."
    - **Resultado probable:** Neutral. (La IA aplica su conocimiento general de análisis de sentimiento).

- Generación Creativa Básica:

    - **Prompt:** Escribe un haiku sobre la lluvia.
    - **Resultado probable**: Un haiku que sigue la estructura 5-7-5 sílabas y trata sobre la lluvia, basándose en los millones de poemas que ha visto.

- Traducción Directa:

    - **Prompt:** Traduce al francés: "Gracias por tu ayuda."
    - **Resultado probable**: Merci pour votre aide. (La IA utiliza sus datos de entrenamiento de traducción).

- Extracción Simple:

- o **Prompt:** Extrae el nombre de la persona de esta frase: "Mi colega se llama Ana López."
- o **Resultado probable**: Ana López.

¿Cuándo usar Zero-Shot?

Úsalo por defecto para tareas sencillas, preguntas directas, o cuando solo necesitas una respuesta rápida y no te importa mucho el formato o estilo exacto. Es tu punto de partida más rápido. Si no funciona bien, entonces considera pasar a técnicas más avanzadas.

Ejercicio 3.1 ¡Prueba la Simplicidad!:

Formula 3 prompts diferentes usando solo la técnica Zero-Shot. Elige tareas sencillas como: una pregunta sobre un hecho conocido, una traducción corta y una solicitud de una idea muy general (ej: "dame una idea para una cena rápida"). Ejecútalos en tu IA favorita y observa los resultados. Nota lo rápido que obtienes respuesta, pero también si el formato es exactamente como lo esperarías.

3.2 Few-Shot Prompting: Enseñando con Pocos Ejemplos

Aquí damos un paso más. El Few-Shot Prompting consiste en incluir uno (One-Shot) o varios (Few-Shot) ejemplos completos de la tarea que quieres que la IA realice, justo en el mismo prompt, antes de pedirle que la haga para tu caso específico.

¿Cómo funciona?

Esta técnica se basa en la capacidad de la IA para reconocer y continuar patrones. Cuando le muestras pares "Entrada -> Salida" (Input -> Output) como ejemplos, la IA analiza esos ejemplos para entender:

- Qué tipo de tarea se está realizando.
- Qué formato específico de salida se espera.
- Qué estilo o tono se está utilizando.
- Cómo se transforma la entrada en la salida.

Es como si le mostraras a tu ayudante inteligente: "Mira, cada vez que te doy una lista de ingredientes (Input), quiero que me des los pasos para hacer la receta (Output) así: [Ejemplo 1]. Ahora, hazlo con estos otros ingredientes (Tu Input)." La IA aprenderá temporalmente el "juego" o el patrón que le has mostrado.

Ventajas del Few-Shot Prompting:

- **Mayor Precisión y Fiabilidad**: Funciona mucho mejor que Zero-Shot para tareas que requieren seguir un formato, estilo o estructura particular. La IA tiene menos "libertad" para desviarse.
- **Control sobre el Formato y Estilo**: Los ejemplos son la mejor manera de mostrarle a la IA exactamente cómo quieres la respuesta (en tabla, en JSON, con cierto tono, con cierta estructura de frases).
- **Adaptación a Tareas Específicas o de Dominio**: Puedes "enseñar" a la IA a manejar tipos de datos o a responder en un estilo muy específico que quizás no sea común en su entrenamiento general.
- **Ideal para Clasificación, Extracción y Transformación**: Tareas donde tienes entradas y esperas salidas con una correspondencia clara se benefician enormemente de los ejemplos.

Desventajas del Few-Shot Prompting:

- **Prompt Más Largo:** Tienes que incluir tanto la instrucción como los ejemplos y tu solicitud final, lo que consume más tokens (¡recuerda la ventana de contexto!) y hace el prompt más complejo de escribir.
- **Requiere Crear Ejemplos:** Tienes que invertir tiempo en pensar y escribir 1 o varios pares "Entrada -> Salida" que sean buenos ejemplos.
- **Sensibilidad a los Ejemplos:** La calidad y el orden de los ejemplos pueden influir mucho en el resultado. Un mal ejemplo puede "enseñar" a la IA el patrón equivocado.
- **Menor Flexibilidad In-Contexto:** Si la tarea varía mucho

entre tu ejemplo y tu solicitud real, la IA puede no adaptar bien el patrón.

¿Cómo estructurar un Prompt Few-Shot?

Generalmente, sigues un formato como este:

[Instrucción General de la Tarea] [Opcional: Contexto]

Ejemplo 1: Input: [Entrada de Ejemplo 1] Output: [Salida de Ejemplo 1]

Ejemplo 2: Input: [Entrada de Ejemplo 2] Output: [Salida de Ejemplo 2]

... (Puedes añadir más ejemplos si es necesario, pero generalmente con 1 a 5 suele ser suficiente)

Tu Tarea: Input: [Tu Entrada Real] Output:

Ejemplos Detallados de Few-Shot Prompting:

- Clasificación con Ejemplos (Sentimiento más Específico): Queremos que clasifique opiniones sobre una película, pero solo en "Me gustó", "No me gustó", "Me es indiferente".

Prompt:
Clasifica las siguientes opiniones sobre una película usando solo una de estas categorías: "Me gustó", "No me gustó", "Me es indiferente".

Ejemplo 1:
Input: "La trama fue aburrida y los actores no convencen."
Output: No me gustó.

Ejemplo 2:
Input: "Me pareció entretenida, los efectos especiales son increíbles."
Output: Me gustó.

Ejemplo 3:
Input: "Ni fu ni fa, tiene cosas buenas y malas a partes iguales."

Output: Me es indiferente.

Tu Tarea:
Input: "Esperaba más, el final es predecible y los diálogos son flojos."
Output:

○ **Resultado probable:** No me gustó. (La IA ha aprendido las categorías específicas y cómo mapear el texto a ellas).

- **Extracción de Información Estructurada (a JSON):** Queremos extraer nombre y edad de frases en un formato JSON específico.

Prompt:
Extrae el nombre y la edad de las siguientes descripciones de personas y devuélvelo en formato JSON con las claves "nombre" y "edad".

Ejemplo 1:
Input: "Mi hermano Juan tiene 28 años."
Output: {"nombre": "Juan", "edad": 28}

Ejemplo 2:
Input: "Sofía, que tiene 35 años, es mi jefa."
Output: {"nombre": "Sofía", "edad": 35}

Tu Tarea:
Input: "Pedro es el más joven, con solo 22 años."
Output:

○ Resultado probable: {"nombre": "Pedro", "edad": 22} (La IA ha aprendido a identificar los datos y formatearlos como JSON).

- Transformación de Estilo (a Tono Humorístico): Queremos

reescribir frases serias en un tono humorístico.

Prompt:
Reescribe las siguientes frases de forma humorística, como si fuera un cómico.

Ejemplo 1:
Input: "Es importante ahorrar para el futuro."
Output: "Dicen que hay que ahorrar para el futuro... como si el futuro te fuera a devolver el dinero con intereses emocionales."

Ejemplo 2:
Input: "El tráfico esta mañana fue terrible."
Output: "Hoy el tráfico era tan lento que me adelantaron los caracoles... ¡y venían cuesta arriba!"

Tu Tarea:
Input: "Necesito hacer ejercicio para mantenerme saludable."
Output.

○ **Resultado probable:** Un refraseo humorístico sobre la necesidad de hacer ejercicio.

¿Cuándo usar Few-Shot?

Utiliza Few-Shot cuando Zero-Shot no te dé el formato o la precisión que necesitas. Es especialmente útil para tareas de clasificación, extracción o transformación donde puedes mostrarle a la IA exactamente cómo quieres que maneje diferentes tipos de entradas. También es genial para imitar un estilo o tono muy específico que es difícil de describir solo con palabras.

Ejercicio 3.2 ¡Enseña con Ejemplos!:

Elige una tarea que requiera un formato de salida muy específico (ej: extraer información y ponerla en una lista formateada, o clasificar frases en categorías personalizadas tuyas). Crea un prompt usando la técnica Few-Shot:

1. Escribe la instrucción general.
2. Crea 2 o 3 ejemplos claros de "Entrada -> Salida" que muestren el patrón que quieres.
3. Añade tu "Entrada" real al final.

Ejecuta el prompt y verifica si la IA siguió el patrón de tus ejemplos para tu entrada.

3.3 Comparando Zero-Shot y Few-Shot: ¿Cuál Elegir?

Ahora que conoces ambas técnicas, ¿cómo decides cuál usar? La elección depende principalmente del tipo de tarea y del nivel de control que necesitas sobre la salida.

Aquí tienes una comparación para ayudarte a decidir:

Característica	Zero-Shot Prompting	Few-Shot Prompting
Simplicidad del Prompt	Muy Alta (solo instrucción)	Moderada a Baja (instrucción + ejemplos)
Longitud del Prompt	Corta	Larga (consume más tokens)
Necesidad de Ejemplos	Ninguno	Requiere crear 1 o varios ejemplos
Fiabilidad y Precisión	Menor (especialmente en tareas específicas)	Mayor (guía a la IA con el patrón)
Control Salida (Formato/Estilo)	Bajo (la IA usa su formato general)	Alto (los ejemplos dictan el formato/estilo)
Adaptación a Tareas Específicas/Dominio	Baja (usa conocimiento general)	Alta (puedes "enseñar" un mini-patrón)
Velocidad de Creación	Muy Rápida	Lenta (hay que

del Prompt		pensar y crear ejemplos)
Consistencia de la Salida	Puede variar entre ejecuciones	Más consistente si los ejemplos son buenos

Guía Rápida para Elegir:

- Empieza Siempre con Zero-Shot: Si la tarea es simple, de conocimiento general, o no necesitas un formato/estilo estricto, prueba Zero-Shot primero. Es lo más rápido y sencillo.
- Pasa a Few-Shot Cuando...
  - La respuesta Zero-Shot es incorrecta o no relevante.
  - Necesitas que la salida tenga un formato muy específico (tabla, JSON, lista particular, etc.).
  - Quieres que la respuesta tenga un estilo o tono muy concreto que es difícil de describir solo con palabras.
  - La tarea es de clasificación, extracción o transformación y tienes ejemplos claros de cómo hacer la conversión.
  - Necesitas que la IA aplique un conocimiento o regla que es específica de tu contexto o dominio y no es de conocimiento general.

En esencia, Zero-Shot es para *qué* quiero, Few-Shot es para *cómo* quiero que lo hagas, mostrándote cómo.

Ejercicio 3.3 (¡Experimenta el Contraste!):

Elige una tarea que *podría* resolverse con Zero-Shot, pero que se beneficiaría de un formato específico (ej: pedir una lista de pros y contras de algo).

1. Escribe el prompt usando solo Zero-Shot (ej: "Dame los pros y contras de trabajar desde casa").
2. Escribe el mismo prompt usando Few-Shot, mostrando en los ejemplos cómo quieres que presente los pros y contras (ej: usando viñetas específicas, o

prefijos como "☐ Pro:" y "☐ Contra:").

3. Ejecuta ambos prompts y compara los resultados. Reflexiona sobre cuándo Zero-Shot es suficiente y cuándo Few-Shot es necesario para el control del formato.

3.4 Role Prompting Como Técnica: Ponte en la Piel de la IA

Ya introdujimos el concepto de asignar un rol o persona a la IA en los principios fundamentales. Ahora lo vemos como una técnica poderosa en sí misma, que a menudo se combina con Zero-Shot o Few-Shot.

La técnica de Role Prompting consiste en iniciar tu prompt indicándole a la IA que asuma una identidad específica para generar su respuesta. Usas frases como:

- Actúa como un [Rol].
- Imagina que eres [Persona/Entidad].
- Quiero que respondas como si fueras un [Rol].

¿Cómo funciona como técnica?

Es una forma muy eficiente de indicarle a la IA que acceda a un subconjunto particular de su entrenamiento. Cuando le dices "Actúa como un chef", la IA prioriza el conocimiento, el vocabulario, la estructura de frases y el tono que ha aprendido de textos relacionados con la cocina, recetas, chefs famosos, etc.

Esta técnica no le enseña a la IA una tarea nueva (como Few-Shot), sino que filtra y adapta la forma en que realiza una tarea basándose en la perspectiva del rol asignado. Es un atajo poderoso para definir contexto, estilo y tono a la vez.

Ventajas de Role Prompting:

- Define Rápido Estilo, Tono y Perspectiva: Con una sola frase, cambias radicalmente la "voz" de la IA.
- Activa Conocimiento Relevante del Dominio: Si el rol es de

un experto en un campo, la IA tenderá a usar conocimiento más especializado de esa área.

- Mejora la Relevancia para la Audiencia: Al pedirle que actúe como alguien que habla a una audiencia específica (ej: "Actúa como profesor explicando a niños"), la respuesta se adapta mejor.

- Fomenta la Creatividad: Asignar roles inusuales puede llevar a respuestas inesperadas y creativas.

Desventajas de Role Prompting:

- Depende del Entrenamiento del Modelo: La IA solo puede actuar en roles para los que tiene suficiente información en sus datos de entrenamiento. No funcionará bien con roles muy oscuros o específicos que no conoce.

- Puede "Sobre-actuar": A veces, la IA puede exagerar las características del rol, haciendo la respuesta poco natural o demasiado caricaturesca.

- El Rol Puede Limitar: Si el rol es demasiado restrictivo, la IA podría tener dificultades para realizar la tarea completa o acceder a cierto conocimiento que queda "fuera" del rol.

Ejemplos de Role Prompting:

- Rol + Explicación:

  o **Prompt**: Actúa como si fueras un antiguo filósofo griego. Explícale a un joven por qué la virtud es importante en la vida diaria. Usa un lenguaje acorde a la época.

  o **Resultado probable**: Una explicación sobre la virtud con referencias a conceptos filosóficos griegos, usando un estilo de lenguaje más formal o arcaico.

- Rol + Generación de Contenido:

  o **Prompt**: Eres un guionista de comedia de los años 90.

> Escribe el diálogo de apertura de una sitcom sobre un grupo de amigos que vive en Nueva York.
> - **Resultado probable**: Un diálogo con el ritmo, el tipo de chistes y las referencias culturales propias de una sitcom de esa época.

- Rol + Análisis (Perspectiva Específica):

  - **Prompt**: Eres un ecologista preocupado. Analiza las implicaciones ambientales de la construcción de una nueva carretera a través de un bosque. Señala los principales problemas.
  - **Resultado probable**: Un análisis centrado en la pérdida de biodiversidad, fragmentación de hábitats, contaminación, etc., con un tono de preocupación.

Combinando Roles con Otras Técnicas:

Role Prompting se usa casi siempre en combinación con otras técnicas. Puedes pedirle a la IA que "Actúe como X" (Rol) y luego darle una tarea Zero-Shot ("y responde a esta pregunta") o una tarea Few-Shot (mostrarle ejemplos de cómo ese Rol respondería a ciertas cosas antes de hacer tu pregunta).

- *Ejemplo Combinado:* Actúa como un crítico de restaurantes (ROL). Aquí tienes la descripción de un nuevo restaurante: [Descripción]. Escribe una reseña CORTA (LONGITUD) y SINCERA (TONO) de 3 párrafos (FORMATO).

Ejercicio 3.4 ¡Interpreta Papeles con la IA!:

Piensa en una tarea (ej: dar consejos sobre cómo ser más feliz) y elige 3 roles muy diferentes para que la IA la realice.

1. Prompt A: Rol de psicólogo/a.
2. Prompt B: Rol de un abuelo/a sabio/a.
3. Prompt C: Rol de un robot optimista.

Escribe los prompts pidiendo la misma tarea pero cambiando

solo el rol. Ejecútalos y observa cómo el lenguaje, el enfoque y los consejos cambian drásticamente.

3.5 Negative Prompting: Diciéndole a la IA Qué NO Hacer

Ya tocamos este principio en el Módulo 2, pero como técnica, el Negative Prompting es una herramienta específica para refinar y controlar la salida indicándole a la IA qué elementos debe evitar o excluir.

Consiste en añadir a tu prompt principal una o varias frases que especifican lo que *no* quieres ver en la respuesta.

¿Cómo funciona como técnica?

Cuando le das una instrucción positiva ("Genera un texto sobre X"), la IA busca en sus patrones de entrenamiento lo que es probable que siga a esa instrucción. Cuando añades una restricción negativa ("PERO NO incluyas Y"), le estás dando una señal a la IA para que *reduzca la probabilidad* de generar los tokens asociados a "Y" o a conceptos relacionados con "Y". Es como si le dijeras: "Ve hacia X, pero desvíate de Y".

Es una especie de "presión negativa" que moldea el espacio de posibles respuestas válidas.

Ventajas del Negative Prompting:

- Refinamiento Preciso: Ayuda a eliminar detalles no deseados, clichés o elementos que la IA tiende a incluir por defecto pero que tú no quieres.
- Mayor Control sobre Contenido Específico: Útil para asegurar que ciertos temas, palabras clave o ideas *no* aparezcan.
- Ayuda a Evitar Sesgos o Contenido Problemático: Puedes usarlo para intentar que la IA evite generar contenido sesgado, inapropiado o falso (aunque no es una garantía total, ayuda).
- Mejora la Calidad General: Al eliminar distracciones o

elementos irrelevantes, la salida puede ser más limpia y enfocada.

Desventajas del Negative Prompting:

- No Siempre 100% Efectivo: La IA puede a veces ignorar o fallar en cumplir una restricción negativa, especialmente si choca con una instrucción positiva fuerte o con su conocimiento general.
- Puede Generar Frases Forzadas: A veces, al esforzarse por evitar una palabra o concepto, la IA puede construir frases que suenan poco naturales o extrañas.
- Puede Ser Contraintuitivo para la IA: Pedirle que no hable de algo muy relacionado con el tema principal puede ser difícil (ej: describir un coche de carreras y pedirle que no mencione la velocidad).

¿Cómo implementar Negative Prompting?

Usa frases claras y directas. Algunas formas comunes son:

- NO incluyas [algo].
- EVITA mencionar [algo].
- Sin [algo].
- La respuesta NO debe contener [algo].
- Excluye [algo].

Ejemplos de Negative Prompting:

- Generación con Palabras Prohibidas:

  - **Prompt**: Escribe una pequeña descripción de un paisaje de montaña al amanecer. NO uses las palabras "sol" ni "cima".
  - **Resultado probable:** Describirá el amanecer y la montaña usando sinónimos o descripciones indirectas para evitar las palabras prohibidas.

- Resumen con Exclusión de Detalles:

- ○ **Prompt**: Resume el siguiente artículo sobre la historia del cine, pero EVITA mencionar directores o actores específicos.
- ○ **Resultado probable**: Un resumen centrado en los movimientos cinematográficos, tecnologías o evolución de la industria en general, sin nombres propios.

- Descripción sin Características Comunes:

  - ○ **Prompt**: Describe un coche deportivo con gran detalle. La descripción NO debe hablar de su velocidad, su color o su precio.
  - ○ **Resultado probable**: Se centrará en el diseño, los materiales, el tipo de motor (sin mencionar velocidad), la sensación al conducirlo, etc.

- Estilo sin Elementos Particulares:

  - ○ **Prompt**: Escribe 5 frases de motivación cortas. EVITA usar signos de exclamación.
  - ○ **Resultado probable**: Frases motivadoras que terminan con punto u otro signo.

Negative Prompting es más una herramienta de afinamiento que una instrucción principal. Funciona mejor cuando ya tienes un prompt positivo que te da resultados *casi* correctos, y lo usas para pulir los detalles no deseados.

Ejercicio 3.5 ¡Practica el Arte de la Exclusión!:

Piensa en un tema donde la IA tiende a dar respuestas con ciertos clichés o elementos muy comunes (ej: describir unas vacaciones en la playa, hablar de inteligencia artificial en general). Escribe un prompt:

1. Pide a la IA que genere contenido sobre ese tema (tu instrucción positiva).
2. Añade al menos dos restricciones negativas pidiéndole que no use esos clichés o elementos comunes que esperas que salgan.

Ejecuta el prompt y comprueba si la IA logró evitar lo que le pediste.

Combinando Técnicas: La Sinergia del Prompt Engineering

La verdadera maestría del Prompt Engineering reside en la capacidad de combinar estos principios y técnicas. Raramente usarás una sola técnica de forma pura.

Por ejemplo, puedes usar:

- Role Prompting + Zero-Shot: Actúa como un historiador (ROL). Explica brevemente las causas de la Revolución Francesa (ZERO-SHOT).
- Few-Shot + Restricciones: Mostrar ejemplos de cómo extraer datos de un texto (FEW-SHOT) y añadir la restricción NO incluyas la fecha de nacimiento.
- Rol + Few-Shot + Restricciones de Salida: Eres un experto en recetas de cocina (ROL). Aquí tienes ejemplos de cómo formateo mis recetas (FEW-SHOT). Ahora formatea esta receta de paella (TU TAREA). La lista de ingredientes DEBE ir antes de los pasos (RESTRICCIÓN POSITIVA). El tiempo de preparación NO debe aparecer (RESTRICCIÓN NEGATIVA).

Las posibilidades son infinitas. Los principios (Módulo 2) te dan el "qué definir". Las técnicas (Módulo 3 y siguientes) te dan el "cómo estructurar esa definición" de formas particulares y potentes.

Ejercicio 3.6 ¡La Primera Combinación!:

Elige una tarea de las que has practicado antes. Ahora,

intenta combinar al menos dos de las técnicas vistas en este módulo (Zero-Shot, Few-Shot, Rol, Negative Prompting) junto con los principios del Módulo 2 (Especificar formato, longitud, estilo, tono). Escribe el prompt combinado y observa cómo las diferentes partes de la instrucción trabajan juntas.

MÓDULO 4: ESTRUCTURANDO PROMPTS COMPLEJOS

En los módulos anteriores, has aprendido los principios fundamentales (Módulo 2) y las técnicas esenciales como Zero-Shot, Few-Shot, Roles y Negative Prompting (Módulo 3). Ahora es el momento de juntar todas esas piezas.

Este módulo trata sobre cómo organizar la información dentro de un prompt cuando la tarea es un poco más complicada. ¿Qué pasa si necesitas darle a la IA un texto largo para analizar, varios documentos, una serie de pasos a seguir, o instrucciones condicionales ("si A pasa, haz X; si no, haz Y")?

Una buena estructura en tu prompt evita que la IA se confunda, asegura que procese toda la información relevante y te da un control mucho mayor sobre el resultado final. Es como escribir un manual de instrucciones claro en lugar de un montón de notas desordenadas.

4.1 La Anatomía de un Prompt Efectivo: Combinando los Elementos

Piensa en un prompt efectivo como un documento bien organizado. No es solo una frase; a menudo es una combinación de diferentes partes, cada una con su propósito. Al crear un prompt, especialmente uno complejo, es útil pensar en estos posibles componentes:

1. **La Instrucción Principal (La Tarea):** ¿Qué acción quieres que la IA realice? (Resume, Analiza, Genera, Compara, Extrae, Transforma). Es el verbo central de tu prompt.

2. **El Rol (Opcional pero Recomendable):** Si asignas un rol, esto a menudo va al principio o muy cerca de la instrucción principal para establecer la perspectiva desde el inicio.

3. **El Contexto y Datos de Entrada:** La información sobre la que la IA debe trabajar o el escenario en el que se basa la tarea. Esto puede ser un texto largo, una conversación previa relevante, una lista de datos, un escenario descrito.

4. **Ejemplos (Si usas Few-Shot):** Los pares Input/Output que le muestran a la IA el patrón deseado. Generalmente van después del contexto o la instrucción, pero claramente separados.

5. **Definición de la Salida:** Especificaciones claras sobre Formato, Longitud, Estilo y Tono de la respuesta esperada. Esto puede ir al final, o a veces se integra con la instrucción principal.

6. **Restricciones (Positivas y Negativas):** Qué debe incluir sí o sí y qué debe evitar. Pueden ir integradas en la instrucción, o listadas por separado si son muchas.

¿Por qué es útil pensar en esta anatomía?

Porque te ayuda a asegurar que no te olvidas de nada importante y a organizar la información de manera lógica. La IA procesará tu prompt en orden, y presentar la información de forma estructurada (primero la tarea, luego el contexto, etc.) le facilita "digerir" y entender la relación entre las diferentes partes.

Una estructura lógica reduce la "carga cognitiva" para la IA (y para ti al escribir el prompt) y aumenta la probabilidad de una respuesta exitosa.

4.2 Usando Delimitadores para Organizar Tu Prompt

Cuando tu prompt incluye varias partes (una instrucción larga, un texto a analizar, ejemplos, restricciones), puede volverse confuso tanto para ti como para la IA. ¿Dónde termina la instrucción y empieza el texto de entrada? ¿Dónde terminan los ejemplos?

Aquí es donde los delimitadores son tus mejores amigos. Un delimitador es un conjunto de caracteres especiales que usas para separar claramente las diferentes secciones de tu prompt. Le indican a la IA que el contenido dentro o entre ellos debe tratarse como una unidad distinta o con un propósito diferente.

¿Por qué son tan efectivos?

Los delimitadores ayudan a la IA a parsear tu prompt. "Parsear" significa analizar y entender la estructura de la información. Al ver un delimitador, la IA sabe: "Okay, la sección de instrucciones terminó, ahora viene el texto que tengo que procesar" o "Aquí empieza un ejemplo". Esto reduce drásticamente las posibilidades de que la IA mezcle instrucciones con contenido, ignore partes importantes o malinterprete la estructura de tu solicitud.

Son cruciales para prompts complejos y para tareas de extracción o transformación de datos, donde la distinción clara entre instrucción, datos de entrada y formato de salida es vital.

Tipos Comunes de Delimitadores y Cómo Usarlos:

1. **Comillas Triples (""" o '''):** Son muy populares para encerrar bloques grandes de texto, como el contenido a analizar o el contexto.

Prompt:
Resume el siguiente email en tres puntos clave:

"""

Hola equipo,

Les escribo para actualizarles sobre el estado del proyecto X. Hemos completado la fase de diseño y estamos a punto de empezar la implementación. La reunión con el cliente fue muy positiva. Sin embargo, el proveedor Y nos ha informado de un retraso en la entrega de componentes, lo que podría afectar la fecha final. Necesito que Juan revise el impacto en la línea de tiempo y que María contacte al proveedor para explorar alternativas. Nos reunimos el jueves para discutirlo.

Saludos,
Ana
"""

- o *Uso:* Ideal para pegar emails, artículos, transcripciones. La IA entiende que el texto dentro de las comillas es contenido, no parte de la instrucción.

2. **Backticks Triples (´ ´ ´):** Similar a las comillas triples, son muy comunes, especialmente para encerrar bloques de código o texto formateado.

Prompt:
Corrige los errores de sintaxis en el siguiente código Python:

- o ´ ´ ´ def greet(name) print("Hello, " + name!)) ´ ´ ´
- o *Uso:* Excelente para código, pero también para cualquier bloque de texto que necesites que la IA trate literalmente o analice como una unidad.

3. **Tags XML o Similares (<tag> contenido </tag>):** Muy útiles para etiquetar diferentes secciones de forma semántica o para estructuras complejas donde necesitas varios tipos de contenido.

Prompt:
Compara las ventajas y desventajas de los productos A y B basándote en sus descripciones. Presenta la comparación en una tabla.

<producto_a>
Nombre: Producto A
Características: Batería larga duración, pantalla Full HD, cámara 12MP
Precio: 300€
</producto_a>

<producto_b>
Nombre: Producto B
Características: Batería estándar, pantalla 4K, cámara 20MP
Precio: 450€
</producto_b>

o *Uso:* Genial cuando tienes múltiples fragmentos de información que necesitas etiquetar claramente (múltiples documentos, diferentes partes de un solo documento, pares de ejemplos en Few-Shot).

4. **Encabezados o Títulos Separados por Líneas:** Un método más visual, usando ##, ### o simplemente títulos claros seguidos de una o dos líneas en blanco.

Prompt:
Instrucción:
Analiza el siguiente feedback de usuario e identifica 3 puntos de mejora clave para nuestro sitio web.

Feedback del Usuario:
El sitio carga lento. No encuentro la sección de contacto. El diseño es bonito pero poco intuitivo.

Formato de Salida:
Lista numerada.

> ○ *Uso:* Muy legible para ti y también efectivo para la IA, especialmente para separar instrucciones, contexto y especificaciones de salida.

Consejos para Usar Delimitadores:

- **Sé Consistente:** Una vez que elijas un tipo de delimitador para una sección (ej: """ para el texto de entrada), úsalo igual en prompts futuros si la tarea es similar.
- **Elige el Adecuado:** Comillas/Backticks para bloques de texto/código. Tags XML para etiquetar tipos de información. Encabezados para separar secciones lógicas.
- **Combínalos si es Necesario:** Puedes usar encabezados para las secciones principales (## Contexto:) y comillas triples dentro para el bloque de texto ("""..."""]).

Los delimitadores son la base de los prompts complejos bien organizados. Te permiten "empaquetar" diferentes tipos de información de forma clara para la IA.

Ejercicio 4.2 (¡Organiza con Delimitadores!):

Toma un prompt que hayas creado antes que tenga al menos dos partes claras (ej: una instrucción y un texto a analizar). Reescríbelo usando dos tipos diferentes de delimitadores para separar esas partes. Por ejemplo, si tenías Instrucción: ... Texto: ..., reescríbelo con comillas triples para el texto y con encabezados para la instrucción y el texto. Compara cómo se ve más ordenado.

4.3 Organizando Instrucciones y Contenido Complejo

Una vez que sabes usar delimitadores para separar secciones, el siguiente paso es organizar el *contenido* dentro de esas secciones, especialmente cuando tienes múltiples instrucciones, pasos a seguir, o varias piezas de información con las que la IA debe interactuar.

- **Desglosando Tareas en Pasos Secuenciales:** Para tareas complejas que requieren varios pasos lógicos, pídele a la IA que siga esos pasos en orden dentro del prompt. Esto guía su proceso de pensamiento (similar a Chain-of-Thought, pero tú le das los pasos).

  o *Cómo:* Usa listas numeradas en tu instrucción.

Ejemplo:
Analiza el siguiente informe de ventas y realiza las siguientes acciones en orden:
1. Identifica el total de ventas del trimestre.
2. Identifica los 3 productos más vendidos por ingresos.
3. Calcula el porcentaje que representan las ventas online sobre el total.
4. Escribe un breve resumen ejecutivo con los hallazgos clave.

Informe de Ventas:
"""
...[contenido del informe]...
"""

  o *Uso:* Ideal para tareas de análisis, procesamiento de datos, o cualquier flujo de trabajo que puedas dividir en pasos lógicos.

- **Manejando Múltiples Piezas de Contenido:** ¿Qué pasa si la IA necesita leer el Documento A y el Documento B para compararlos, o usar la Lista 1 y la Lista 2 para generar una nueva lista? Usa delimitadores para etiquetar claramente cada pieza de contenido.

  o *Cómo:* Combina delimitadores con etiquetas descriptivas.

Ejemplo:
Compara los puntos clave del "Documento A" y el "Documento B".

Identifica 3 similitudes y 3 diferencias en una lista.

```
<DocumentoA>
[Contenido del Documento A]
</DocumentoA>

<DocumentoB>
[Contenido del Documento B]
</DocumentoB>
```

- o

  - o   *Uso:* Fundamental para tareas de comparación, síntesis de múltiples fuentes, o cuando la entrada son varios fragmentos de información distintos.

- **Instrucciones Condicionales:** Dile a la IA qué hacer si se cumple una condición.

  - o   *Cómo:* Usa frases claras que indiquen la condición y la acción asociada, como "SI [condición] ENTONCES [acción]".

Ejemplo:
Lee el sentimiento de la siguiente reseña. SI el sentimiento es positivo, responde con un mensaje de agradecimiento entusiasta. SI el sentimiento es negativo, responde pidiendo disculpas y ofreciendo contactar para más detalles. SI es neutral, responde simplemente acusando recibo.

Reseña:
"""
El producto llegó rápido, pero el color no es exactamente como esperaba. Funciona bien.
"""

- o

  - o   *Uso:* Muy potente para automatizar respuestas o clasificar y reaccionar de forma diferente según la entrada.

- **Instrucciones Anidadas o Capas de Instrucción:** A veces, das una instrucción principal, y luego sub-instrucciones sobre cómo realizar la principal o cómo formatear una parte específica.

  - *Ejemplo:* Genera 5 ideas para títulos de blog sobre viajes. Para cada título, añade una frase corta explicando de qué trataría el post. (La sub-instrucción es añadir la frase explicativa por cada título).

Organizar tus instrucciones y contenido de forma lógica dentro del prompt es como darle a la IA un algoritmo a seguir. Le dices qué información es qué y qué debe hacer con ella, paso a paso o bajo qué condiciones.

Ejercicio 4.3 ¡Construye Prompts Multi-Paso y Condicionales!:

1. Crea un prompt que pida a la IA realizar una tarea en al menos 3 pasos secuenciales (ej: "1. Resume este texto. 2. Identifica los puntos clave del resumen. 3. Expande uno de los puntos clave en un párrafo").
2. Crea un prompt que use una instrucción condicional (ej: "Lee la siguiente frase. SI habla de comida, di '¡Qué rico!'. SI habla de clima, di 'Qué interesante el tiempo'. SI no, di 'No entiendo de qué hablas'.").

Utiliza delimitadores para separar las diferentes partes de estos prompts.

4.4 La Ubicación Estratégica de la Instrucción Principal

Aunque la IA lee todo el prompt, la investigación y la experiencia sugieren que la parte inicial del prompt tiene un peso importante en cómo la IA "enfoca" su respuesta. Colocar la instrucción principal al principio o cerca del principio a menudo ayuda a la IA a entender inmediatamente cuál es la tarea central.

¿Por qué es una buena práctica?

- **Guía Inicial:** La IA empieza a procesar desde el principio. La instrucción inicial establece la dirección y el propósito general de la generación de texto que va a seguir.
- **Evita Confusión Temprana:** Si empiezas con un bloque enorme de contexto sin decir qué hacer con él, la IA podría empezar a generar texto relacionado con el contexto antes de siquiera leer tu instrucción.

Comparación Simple:

- **Instrucción al Principio (Recomendado):** Resume el siguiente texto, enfocándote en las soluciones propuestas: """[Texto largo de un artículo sobre un problema y sus soluciones]"""

    o *Resultado probable:* La IA se enfoca desde el principio en la tarea de resumir y en el criterio "soluciones".
- **Instrucción al Final (Menos Recomendado para la Tarea Principal):** """[Texto largo de un artículo sobre un problema y sus soluciones]""" Ahora, por favor, resume el texto anterior, enfocándote en las soluciones propuestas.

    o *Resultado probable:* Aunque a menudo funcionará, hay una ligera mayor probabilidad de que la IA genere algo preliminar basado solo en el texto antes de llegar a la instrucción de resumir, o que no aplique el "enfocándose en las soluciones" tan bien como si la instrucción estuviera al inicio.

¿Cuándo poner la instrucción más tarde?

Hay casos donde el contexto es *tan* vital que quizás deba ir primero (como en Few-Shot, donde los ejemplos van antes de tu solicitud final). Sin embargo, incluso en Few-Shot, a menudo pones una instrucción general al *principio del todo* ("Completa la siguiente serie:").

Como regla general, para la tarea principal del prompt, intenta colocarla en las primeras líneas.

Ejercicio 4.4 (¡Experimenta con la Ubicación!):

Toma un prompt tuyo que tenga una instrucción y un bloque de texto (ej: resumir un texto, analizar un texto).

1. Coloca la instrucción principal al principio, antes del texto. Usa un delimitador para separar la instrucción del texto.
2. Crea una segunda versión del prompt con la misma instrucción y texto, pero colocando la instrucción al final.
3. Ejecuta ambos prompts (idealmente en un modelo sensible al orden) y observa si notas alguna diferencia sutil en la respuesta o en la inmediatez con la que la IA aborda la tarea.

4.5 Ejemplos de Prompts Estructurados Complejos (Análisis Detallado)

Vamos a ver cómo se ve un prompt que combina varios principios y técnicas, usando una estructura clara con delimitadores y organización lógica.

Ejemplo 1: Análisis de Feedback de Usuarios y Sugerencia de Acciones

Tarea: Analizar múltiples comentarios de clientes para identificar problemas recurrentes y sugerir acciones para el equipo de desarrollo.

Eres un Analista de Producto experimentado (ROL).
Tu tarea es revisar el siguiente feedback de usuarios y realizar lo siguiente:
1. Identifica los 3 problemas o sugerencias más frecuentes mencionados por los usuarios.
2. Para cada problema identificado, sugiere una posible acción concreta para el equipo de desarrollo.

3. Si algún feedback menciona algo positivo, anótalo por separado.

Presenta la salida en formato de reporte corto.

--- Feedback de Usuarios ---

"""

El login falla a veces, es frustrante. La interfaz es bonita pero un poco confusa. Me encantaría tener una opción para exportar datos. El soporte técnico me ayudó rápido, ¡genial! La app va muy lenta en mi teléfono antiguo. No encuentro la opción de cambiar mi perfil. A veces se cierra sola. Me gusta que sea barata.

"""

--- Formato del Reporte ---

Problemas Clave:

- [Problema 1]: [Sugerencia de Acción 1]
- [Problema 2]: [Sugerencia de Acción 2]
- [Problema 3]: [Sugerencia de Acción 3]

Feedback Positivo Destacado:

- [Comentario positivo]

Análisis del Ejemplo:

- Rol (Eres un Analista de Producto...): Establece la perspectiva y el tipo de conocimiento esperado.
- Instrucción Principal y Pasos (Tu tarea es revisar... y realizar lo siguiente: 1. ..., 2. ..., 3. ...): Instrucción clara al principio, desglosada en pasos secuenciales numerados para guiar el análisis.
- Delimitador (--- Feedback de Usuarios ---, --- Formato del Reporte ---, """..."""): Separa claramente la instrucción del contenido (feedback) y de la especificación del formato deseado. Las comillas triples encierran el bloque de texto del feedback.
- Contexto ("""[Feedback]"""): El texto del feedback es el dato de entrada que la IA debe procesar.
- Definición de Salida y Formato (Presenta la salida en formato de reporte corto. ... Problemas Clave: ... Feedback Positivo Destacado: ...): Define explícitamente la estructura

y el tipo de contenido que se espera en la respuesta.
* Restricciones (Implícitas y Explícitas): Identificar *solo* los 3 problemas más frecuentes (restricción de cantidad), sugerir *acciones concretas* (restricción de tipo de contenido), notar *solo* feedback positivo (restricción de tipo de contenido).

Este prompt le da a la IA un manual completo: quién debe ser, qué debe hacer paso a paso con la información proporcionada, dónde está esa información y cómo debe presentar los resultados.

Ejemplo 2: Creación de Contenido para Red Social Basado en Puntos Clave

Tarea: Escribir un post corto y amigable para Facebook promocionando un taller de cocina saludable, basándose en una lista de temas a cubrir.

Actúa como un community manager entusiasta y experto en bienestar. (ROL)
Basándote en los siguientes puntos clave, escribe un post para Facebook (DESTINO/FORMATO) anunciando un taller de cocina saludable.
El post debe ser corto (LONGITUD), amigable y que invite a participar (TONO/ESTILO).
Incluye un llamado a la acción claro para registrarse.
RESTRICCIÓN NEGATIVA: No uses la palabra "dieta".
RESTRICCIÓN POSITIVA: DEBE mencionar que es apto para principiantes.
--- Puntos Clave del Taller ---
* Taller de cocina saludable: "Cocina Verde Rápida"
* Aprenderás recetas fáciles y nutritivas.
* Enfocado en ingredientes de temporada.
* Incluye degustación al final.
* Fecha: Sábado, 18 de Mayo.
* Hora: 10:00 AM - 1:00 PM.
* Lugar: Centro Cultural [Nombre].
* Precio: 30€.

* Link de registro: [Enlace del Taller]

Análisis del Ejemplo:

- Rol (Actúa como un community manager entusiasta y experto en bienestar.): Establece la voz y el área de expertise.
- Instrucción Principal (Basándote en los siguientes puntos clave, escribe un post para Facebook anunciando...): Tarea clara al principio, especificando el formato de destino (Facebook post).
- Definición de Salida (corto, amigable y que invite a participar, Incluye un llamado a la acción claro): Define longitud, tono, estilo y un elemento obligatorio de contenido.
- Restricciones (RESTRICCIÓN NEGATIVA: No uses la palabra "dieta"., RESTRICCIÓN POSITIVA: DEBE mencionar que es apto para principiantes.): Límites claros sobre qué evitar y qué incluir.
- Delimitador (--- Puntos Clave del Taller ---): Separa la instrucción y especificaciones de los datos de entrada.
- Contexto/Datos de Entrada (* Taller de cocina saludable...): La lista de puntos es la información que la IA debe transformar en el post.

Este prompt le da a la IA la información necesaria, el objetivo, el estilo, y las reglas para crear un post de marketing efectivo a partir de unos datos crudos.

Poniéndolo Todo Junto: La Práctica de la Estructura

La clave para estructurar prompts complejos es ser deliberado. Piensa activamente en cada una de las partes: ¿Cuál es la instrucción? ¿Qué contexto necesita? ¿Cómo debe ser la salida? ¿Qué rol me ayuda? ¿Qué restricciones hay? Y luego, usa delimitadores y organización lógica (listas, condicionales) para presentar toda esa información a la IA de la forma más clara posible.

Practicar con prompts que combinan estos elementos te ayudará a desarrollar una intuición sobre qué estructuras funcionan mejor para diferentes tipos de tareas.

Ejercicio 4.5 (¡Crea Tu Primer Prompt Complejo Multi-Elemento!):

Elige una tarea que requiera múltiples pasos, contexto, un rol específico y restricciones (ej: pedir a la IA que actúe como un asesor de viajes y sugiera un itinerario de 3 días para una ciudad que no conoce, basándose en una lista de intereses y excluyendo ciertas actividades).

Diseña un prompt que conscientemente incluya:

1. Un Rol.
2. La Instrucción Principal clara al principio.
3. Contexto o Datos de Entrada (usando un delimitador para separarlo).
4. La Definición de la Salida (Formato, Longitud, Estilo/Tono).
5. Al menos una Restricción Positiva.
6. Al menos una Restricción Negativa.
7. Si aplica, desglosa la tarea en Pasos Secuenciales o incluye una Instrucción Condicional.

Escribe el prompt completo, prestando atención a cómo organizas cada sección con delimitadores. Ejecútalo y refínalo (¡proceso iterativo!) hasta que obtengas un resultado que se ajuste a tus expectativas. ¡Felicidades, habrás creado tu primer prompt complejo bien estructurado!

4.6 Prompts Extensos y de Alta Complejidad ("Megaprompts"): Aplicando la Estructura a Gran Escala

Hasta ahora, hemos visto cómo estructurar prompts para tareas individuales o con varias partes bien definidas. Pero, ¿qué pasa cuando la tarea es extremadamente compleja, necesitas establecer muchas reglas para la IA durante una conversación larga, o quieres crear una especie de "configuración" detallada para su comportamiento?

Aquí es donde entran los Prompts Extensos y de Alta Complejidad. A menudo escuchados de forma más informal como "Megaprompts", estos prompts son significativamente más largos y detallados que la mayoría. No son una técnica fundamental nueva en sí mismos, sino la aplicación maestra de todas las herramientas de estructuración que hemos visto (delimitadores, organización lógica, desglosar instrucciones) para crear una instrucción única y muy completa.

Un prompt extenso combina una gran cantidad de información: un rol detallado, muchas reglas de comportamiento, múltiples pasos o condiciones, contexto amplio y especificaciones muy precisas de la salida. Son como manuales de operación o archivos de configuración para la IA en una interacción particular.

¿Por Qué Crear Prompts Tan Largos? Casos de Uso Típicos

Los prompts extensos son necesarios cuando las tareas simples no bastan y necesitas un control muy granular o una definición de comportamiento persistente para la IA:

- **Prompts de Sistema para Conversaciones Largas**: En muchas interfaces de chat, puedes iniciar la conversación con un prompt muy detallado que define cómo debe comportarse la IA durante toda la sesión. Le dices su personalidad, qué tipo de preguntas responder, cuáles evitar, cómo manejar errores, en qué tono hablar siempre, etc. Esto es un uso común de un prompt extenso.

- **Crear Simulaciones o Role-Playing Complejos**: Si quieres que la IA actúe como un personaje específico en un escenario detallado (ej: un cliente difícil en una situación de soporte técnico, un personaje histórico interactuando contigo), necesitas un prompt extenso que defina el rol, el escenario, los objetivos del personaje, la información que conoce, etc.

- **Configurar un Asistente Virtual Especializado:** Puedes crear un prompt extenso para definir un asistente virtual con un propósito muy concreto (ej: un asistente para planificar rutas ciclistas que entienda términos técnicos, sepa de mapas, sugiera equipamiento, etc.). El prompt define todo su "conocimiento activo" y comportamiento para esa función.

- **Tareas de Procesamiento Complejo con Múltiples Reglas:** Cuando necesitas que la IA procese información siguiendo una gran cantidad de reglas o condiciones específicas (ej: analizar un texto legal aplicando 20 criterios diferentes, limpiar un dataset siguiendo un conjunto complejo de instrucciones).

- **Crear "Agentes" Simples en el Prompt:** Técnicas avanzadas (que veremos en el Módulo 5) como ReAct a menudo requieren prompts muy extensos para definir las capacidades de la IA ("qué puede hacer", "cómo debe 'pensar'", "qué herramientas puede usar").

En esencia, usas un prompt extenso cuando necesitas que la IA opere bajo un conjunto de reglas, roles o contexto que es demasiado grande o complejo para una instrucción corta.

Conectando con lo Aprendido: La Estructura como Columna Vertebral

La capacidad de crear prompts extensos depende directamente de tu dominio de los módulos anteriores, y especialmente de este módulo (Estructura). Hagamos un repaso.

- Principios Fundamentales (Módulo 2): La claridad, especificidad, definición de salida, rol y restricciones siguen siendo vitales, pero ahora a gran escala. Debes ser claro y específico en *cada una* de las múltiples instrucciones y reglas dentro del prompt extenso.
- Técnicas Esenciales (Módulo 3): Puedes integrar Few-Shot (mostrando ejemplos de cómo aplicar una regla), Role Prompting (clave para prompts de sistema o simulación) y Negative Prompting (para especificar múltiples cosas a evitar) *dentro* de un prompt extenso.
- Estructura (Módulo 4): ¡FUNDAMENTAL! Sin las técnicas de estructuración (delimitadores, organización secuencial, instrucciones condicionales), un prompt extenso sería una masa confusa de texto que la IA (y tú) no podríais manejar. Los delimitadores son la clave para que la IA vea el prompt extenso no como un bloque único, sino como un conjunto organizado de instrucciones y datos.

Construir un prompt extenso es aplicar todas las herramientas de tu caja de prompt engineering de forma organizada y detallada.

Los Desafíos de Trabajar con Prompts Extensos

Aunque poderosos, los prompts extensos presentan sus propios retos:

1. **La Ventana de Contexto:** Este es el mayor desafío. Los prompts extensos consumen una gran cantidad de tokens desde el principio de la conversación. Si el prompt es muy largo, puede ocupar una parte significativa o incluso la totalidad de la ventana de contexto de la IA. Esto significa que en conversaciones largas, la IA puede "olvidar" las instrucciones o el contexto que estaban al principio del prompt extenso a medida que se añade más texto (tus respuestas y las suyas).

○ *Implicación:* Debes ser consciente de la longitud. Prioriza las instrucciones más importantes. Considera si la IA realmente necesita "recordar" todo el prompt extenso en cada interacción, o si partes podrían reintroducirse si es necesario. Algunos modelos tienen ventanas de contexto más grandes que otros.

2. **Mantener la Coherencia Interna:** Con tantas reglas e instrucciones, es fácil que sin querer añadas instrucciones que se contradicen entre sí. Esto confunde a la IA y lleva a resultados impredecibles.

○ *Implicación:* Revisa cuidadosamente tu prompt extenso. Asegúrate de que las reglas no se anulan unas a otras. Sé explícito si una regla tiene prioridad sobre otra ("Siempre prioriza la Regla X sobre la Regla Y si hay conflicto").

3. **Legibilidad y Mantenimiento:** Un prompt extenso puede ser difícil de leer y modificar para ti también. Encontrar y cambiar una regla específica puede ser tedioso.

○ *Implicación:* Usa delimitadores y una organización impecable para hacer que el prompt sea lo más legible posible. Agrupa las reglas relacionadas.

Cómo Construir Prompts Extensos: Aplicando la Estructura a lo Grande

La clave es la organización metódica. Piensa en tu prompt extenso como un manual con secciones y sub-secciones claras.

● Empieza por la Estructura General: Define las grandes secciones que necesitarás (Rol, Reglas Generales, Tareas Específicas, Contexto, Formato).

● Usa Delimitadores Sin Miedo: Sé generoso/a con los delimitadores para marcar el inicio y fin de cada sección.

Los delimitadores basados en etiquetas (<seccion>...</seccion>) o encabezados con líneas de separación (## Sección ##\n\n) son muy legibles para prompts largos.

- Organiza el Contenido Dentro de Cada Sección: Usa listas numeradas para pasos, viñetas para reglas o características, y sangría para sub-puntos.

- Sé Explícito con Prioridades: Si tienes reglas que podrían entrar en conflicto, indica cuál tiene prioridad.

- Mantén un Flujo Lógico: Generalmente, poner el Rol y las Reglas/Instrucciones más importantes al principio ayuda a la IA a establecer el comportamiento general antes de entrar en detalles o contexto. Un flujo común es:

  1. Rol / Persona (Define quién es la IA)
  2. Reglas Generales de Comportamiento (Define cómo debe actuar siempre)
  3. Instrucciones de Tarea Específica (Detalla qué debe hacer *ahora* o en diferentes situaciones)
  4. Contexto / Datos de Entrada (Proporciona la información sobre la que trabajar)
  5. Definición de Salida / Restricciones Adicionales (Especifica formato, etc., o reglas finales)

Ejemplo de Estructura de Prompt Extenso (Plantilla):

ROL DEL ASISTENTE
Eres [Describe detalladamente el rol, personalidad, experiencia].
Tu nombre es [Nombre del Asistente, si aplica].

REGLAS GENERALES DE COMPORTAMIENTO
- Responde siempre en [Idioma].
- Mantén un tono [Tono específico: ej. amigable, profesional, técnico].
- Si no sabes la respuesta, di [Forma de admitir que no sabe: ej. "No tengo información sobre eso"].
- NO inventes información.
- Sé conciso/a a menos que se pida detalle.
- Siempre que respondas a una pregunta sobre [Tema X], menciona [Elemento Y].

INSTRUCCIONES DE TAREA ESPECÍFICA
- Cuando el usuario te pida [Tipo de tarea A], responde haciendo [Acción A].
- Cuando el usuario te pida [Tipo de tarea B], sigue estos pasos: 1. ..., 2. ..., 3. ...
- SI el usuario menciona [Palabra clave], ENTONCES [Acción Condicional].
- SI la solicitud parece [Tipo de solicitud Z], DEBES pedir más detalles antes de responder.

CONTEXTO / DATOS DE REFERENCIA
<informacion_proyecto>
[Pega aquí información de contexto relevante, como datos del proyecto, información de la empresa, etc.]
</informacion_proyecto>

<ejemplos_formato>
Ejemplo de Formato de Respuesta para [Tarea específica]:
Input: [Ejemplo Input]
Output: [Ejemplo Output con formato deseado]
</ejemplos_formato>

ESPECIFICACIONES DE SALIDA Y RESTRICCIONES
- La respuesta debe ser en formato [Formato: ej. lista con viñetas].
- Máximo [X] palabras/párrafos.
- EXCLUYE cualquier mención a [Tema a evitar].
- INCLUYE siempre [Elemento obligatorio].

Ejemplo Ilustrativo de Contenido de Reglas (Fragmento de un Prompt Extenso):

Imagina que estás creando un asistente para ayudar a planificar rutas en bicicleta de montaña. Un fragmento de tus reglas generales podría ser:

REGLAS GENERALES DE COMPORTAMIENTO PARA ASISTENTE CICLISTA
- Tu objetivo es ayudar a usuarios a planificar rutas seguras y adecuadas a su nivel de ciclismo de montaña.
- Siempre pregunta sobre el nivel de experiencia del ciclista (principiante, intermedio, avanzado) antes de sugerir una ruta.
- Prioriza la seguridad: si una ruta parece peligrosa por clima o terreno, advierte al usuario.
- Utiliza términos comunes de ciclismo de montaña (singletrack, cortafuegos, desnivel, etc.) pero explica brevemente los técnicos si el usuario es principiante.
- NO sugieras rutas que pasen por propiedades privadas a menos que haya permiso explícito conocido.
- Cuando sugieras equipamiento, menciona siempre la importancia del casco.
- Si el usuario pregunta por rutas en una zona que no conoces, pide la ayuda de otros ciclistas en foros (esto es una instrucción simulada si la IA no puede acceder a foros reales, pero define el comportamiento deseado).

Este fragmento muestra cómo se usan reglas detalladas para dar "personalidad" y "conocimiento aplicado" al asistente dentro de un prompt extenso.

Los prompts extensos son una herramienta avanzada para ejercer un control profundo y persistente sobre la IA. Requieren una inversión inicial mayor para diseñarlos, pero pueden ser muy efectivos para tareas recurrentes o interacciones prolongadas.

Ejercicio 4.6 ¡Diseña la Arquitectura de un Megaprompt!:

Piensa en un caso de uso donde sería ideal tener un asistente de IA muy especializado y con reglas claras (ej: un asistente para ayudarte a estudiar un examen de historia con preguntas específicas, un asistente para simular entrevistas de trabajo, un asistente para ayudarte a escribir un tipo específico de ficción con reglas de estilo muy concretas).

Tu tarea es diseñar la estructura general de un prompt extenso para este asistente.

1. Define las secciones principales que incluirías, siguiendo la estructura propuesta (Rol, Reglas, Tareas, Contexto, Salida/Restricciones).
2. Para cada sección, haz una lista con viñetas de los tipos de contenido o reglas específicas que incluirías (no necesitas escribir el contenido completo, solo detallar qué información o reglas irían ahí).
3. Indica qué delimitadores usarías para separar cada sección.

Este ejercicio te ayudará a pensar en la organización a gran escala de la información necesaria para un prompt complejo.

MÓDULO 5: TÉCNICAS AVANZADAS DE RAZONAMIENTO Y PATRONES

Has construido una base sólida: entiendes los principios fundamentales del buen prompting (Módulo 2) y sabes cómo organizar tus instrucciones, incluso las más complejas, utilizando la estructura y los delimitadores (Módulo 4). Ahora, estamos listos para explorar técnicas que empujan las capacidades de la IA a un nivel superior.

Este módulo se centra en métodos de prompting que ayudan a la IA a realizar tareas que requieren razonamiento, planificación, o interacción más allá de una sola respuesta. También veremos patrones de prompting, que son "recetas" probadas para resolver problemas comunes.

Prepárate para añadir herramientas muy potentes a tu arsenal de Prompt Engineering.

5.1 Chain-of-Thought (CoT) Prompting: Guiando el Pensamiento Paso a Paso

A veces, le pides a la IA que resuelva un problema que requiere varios pasos lógicos o matemáticos. Si le pides solo el resultado final, la IA puede fallar. Aquí es donde Chain-of-Thought (CoT)

Prompting es increíblemente útil.

La idea principal de CoT es incitar a la IA a mostrar o generar los pasos intermedios de razonamiento antes de dar la respuesta final. Es como pedirle que "muestre su trabajo" en un problema de matemáticas.

¿Por qué funciona mostrar los pasos intermedios?

- **Desglose del Problema**: Al generar cada paso, la IA descompone el problema complejo en partes más pequeñas y manejables.
- **Espacio de Trabajo**: Los pasos intermedios actúan como un "espacio de trabajo" o "memoria de corto plazo" para la IA, donde puede refinar su pensamiento antes de comprometerse con una respuesta final.
- : Al seguir una cadena lógica, reduce la probabilidad de errores en el salto directo del i**Mayor Probabilidad de Acierto**nicio al fin.
- **Transparencia**: Te permite ver *cómo* la IA llegó a la respuesta y depurar si hay un error en algún paso intermedio.

Hay dos formas principales de implementar CoT:

1. Standard CoT (o Few-Shot CoT): Le proporcionas a la IA ejemplos en el prompt donde se muestra claramente la entrada, los pasos intermedios y la salida final.

Estructura:
[Instrucción General]

Ejemplo 1:
Pregunta: [Pregunta de ejemplo]
Pasos de Razonamiento: [Aquí muestras los pasos intermedios detallados]
Respuesta: [Respuesta final del ejemplo]

Ejemplo 2:
Pregunta: [Otra pregunta de ejemplo]

Pasos de Razonamiento: [Aquí muestras los pasos intermedios detallados]
Respuesta: [Respuesta final del ejemplo]

Tu Pregunta:
Pregunta: [Tu pregunta real]
Pasos de Razonamiento:

o

Ejemplo (Few-Shot CoT - Aritmética):
Resuelve los siguientes problemas de palabras mostrando los pasos de razonamiento.

Ejemplo 1:
Pregunta: Un paquete de galletas tiene 12 galletas. Si Juan se come 3 paquetes, ¿cuántas galletas se comió?
Pasos de Razonamiento: Juan se comió 3 paquetes. Cada paquete tiene 12 galletas. Para saber el total, multiplico el número de paquetes por el número de galletas por paquete: 3 * 12 = 36.
Respuesta: Juan se comió 36 galletas.

Tu Pregunta:
Pregunta: Si María tiene 5 manzanas y le da 2 a Pedro, y luego compra 10 manzanas más, ¿cuántas manzanas tiene ahora María?
Pasos de Razonamiento:

- o   Resultado probable: La IA continuará el patrón, generando los pasos: María tenía 5. Le da 2 a Pedro, así que le quedan 5 - 2 = 3. Luego compra 10 más, así que ahora tiene 3 + 10 = 13. Y finalmente, dará la respuesta: María tiene ahora 13 manzanas.

2. Zero-Shot CoT: Esta es aún más simple. Simplemente añades una frase desencadenante al final de tu prompt, sin dar ejemplos de los pasos. La frase le indica a la IA que *genere ella misma* los pasos intermedios.

- o   Frases Comunes Desencadenantes: "Pensemos paso a paso.", "Razona paso a paso.", "Analiza esto paso a paso.", "Veamos el proceso detalladamente."

Estructura:

[Tu Pregunta o Instrucción Compleja]
Pensemos paso a paso.

Ejemplo (Zero-Shot CoT - Lógica):

Si ayer fue miércoles, ¿qué día será mañana?
Pensemos paso a paso.

- o   Resultado probable: La IA podría generar algo como: Si ayer fue miércoles, hoy es jueves. Mañana será el día después de hoy. Por lo tanto, mañana será viernes. Y la respuesta final: Viernes.

- o   *Nota:* La efectividad de Zero-Shot CoT depende mucho del modelo específico. Los modelos más recientes y potentes son mejores respondiendo a esta simple indicación.

Ventajas de CoT (Ambos Tipos):

- •   Mejora el Rendimiento en Tareas de Razonamiento: Es una de las técnicas más efectivas para que los LLMs aborden problemas lógicos, aritméticos, de sentido común o que requieren múltiples inferencias.
- •   Reduce Errores y "Alucinaciones": Al forzar a la IA a seguir una cadena lógica, es menos probable que salte a una respuesta final incorrecta o inventada.
- •   Hace el Proceso Más Comprensible: Puedes verificar los pasos y entender dónde se produjo un posible error.
- •   Zero-Shot CoT es Muy Fácil de Implementar: Solo requiere

añadir una frase.

Desventajas de CoT:

- La Salida es Más Larga: Incluir o generar los pasos intermedios aumenta el número de tokens consumidos.
- No es Útil para Todas las Tareas: No tiene sentido para tareas simples o de generación creativa pura donde no hay un proceso de razonamiento lógico.
- Los Pasos Intermedios Pueden Contener Errores: Aunque ayuda a reducir errores en la respuesta final, la IA aún puede generar pasos de razonamiento incorrectos.
- Zero-Shot CoT es Menos Controlable: No puedes guiar los pasos específicos tanto como cuando los muestras en Few-Shot CoT.

¿Cuándo usar CoT?

Úsalo para cualquier tarea que requiera que la IA "piense" lógicamente o resuelva algo que se pueda descomponer en pasos. Problemas matemáticos, preguntas tipo examen, escenarios donde hay que deducir algo, seguir un flujo de información, etc. Prueba primero Zero-Shot CoT por su simplicidad. Si no es suficiente, pasa a Standard CoT con ejemplos de pasos.

Ejercicio 5.1 (¡Haz que la IA Piense en Voz Alta!):

1. Elige un problema que requiera un par de pasos lógicos o un pequeño cálculo (ej: "Si tengo 15 euros y un libro cuesta 8 y un cuaderno 4, ¿cuánto dinero me queda después de comprar ambos?"). Formula el prompt y añade la frase "Pensemos paso a paso." (Zero-Shot CoT).
2. Elige otro problema similar (o el mismo si quieres ver la diferencia). Formula el prompt y, antes de tu pregunta, incluye un Ejemplo completo mostrando la Pregunta, los Pasos de Razonamiento y la Respuesta final para un problema diferente (Standard CoT / Few-Shot CoT).
3. Compara las respuestas y los pasos generados. ¿Ayudó

mostrar los pasos?

5.2 Tree-of-Thought (ToT) Prompting: Explorando Múltiples Posibilidades

Tree-of-Thought (ToT) es una técnica más avanzada que Chain-of-Thought. Mientras CoT sigue una única cadena de razonamiento paso a paso, ToT anima a la IA a explorar múltiples caminos de pensamiento posibles en paralelo (como las ramas de un árbol) y a evaluar cuáles parecen más prometedores antes de decidir la respuesta final.

¿Cómo funciona (de forma conceptual a través del prompt)?

En lugar de simplemente decir "Pensemos paso a paso", un prompt diseñado para ToT podría pedirle a la IA que:

1. Genere varias posibles ideas o siguientes pasos para resolver el problema.
2. Evalúe la viabilidad o calidad de cada una de esas ideas/pasos.
3. Seleccione el mejor o combine elementos de varios.
4. Repita el proceso para el siguiente nivel de pasos.

Esto a menudo implica un prompt más complejo que no solo pide los pasos, sino que también define el proceso de generar opciones y evaluarlas. En sistemas más sofisticados, ToT puede implementarse mediante múltiples llamadas a la IA guiadas por un código externo que gestiona el "árbol" de pensamientos. Pero podemos simular su estructura con un prompt cuidadoso.

Analogía: CoT es seguir una única carretera de principio a fin. ToT es explorar varias carreteras, ver a dónde llevan, y elegir la que parece la mejor ruta general para llegar a tu destino.

Ventajas de ToT:

- Mejor para Problemas con Múltiples Enfoques: Útil para tareas donde no hay un único camino claro hacia la solución o donde la creatividad exploratoria es útil (ej: planificación compleja, brainstorming avanzado, resolución de problemas abiertos).

- **Resultados Potencialmente Más Robustos o Creativos:** Al considerar varias opciones, puede evitar quedarse "atascado" en un único camino subóptimo.

Desventajas de ToT:

- Mucho Más Complejo de Implementar con Prompting Puro: Es difícil guiar a la IA para que genere y evalúe múltiples ramas de pensamiento de forma fiable en un solo prompt extenso. A menudo requiere prompts multi-turno o una lógica externa.
- Consume Muchos Más Tokens: Generar y evaluar múltiples caminos consume muchos más tokens que una sola cadena de pensamiento.
- Depende Fuertemente de la Capacidad del Modelo: El modelo necesita ser bueno generando diversidad de ideas y evaluándolas críticamente.

Ejemplo Ilustrativo de Estructura ToT (Simulada en Prompt):

Resuelve el siguiente problema. Explora al menos 3 posibles enfoques o primeros pasos. Evalúa cada uno brevemente y elige el más prometedor para continuar.

Problema: [Describe el problema complejo que requiere exploración]

Posibles Primeros Pasos:
1. [Deja que la IA genere aquí la Opción 1]
2. [Deja que la IA genere aquí la Opción 2]
3. [Deja que la IA genere aquí la Opción 3]

Evaluación:
- Evalúa la Opción 1: [Deja que la IA la evalúe]
- Evalúa la Opción 2: [Deja que la IA la evalúe]
- Evalúa la Opción 3: [Deja que la IA la evalúe]

Mejor Enfoque Elegido y Pasos Siguientes:

[Deja que la IA elija y explique por qué, y luego continúe con CoT en ese enfoque]

(Nota: Este es un prompt simplificado para ilustrar la idea. Implementar ToT robusto es más complejo y a menudo requiere un sistema que gestione las diferentes ramas).

¿Cuándo usar ToT (o intentar simularlo con prompts)?

Cuando CoT lineal no es suficiente porque el problema no es secuencial sino que requiere explorar varias alternativas, sopesarlas y elegir la mejor. Es más aplicable en la investigación avanzada o en sistemas que usan LLMs como "cerebros" de agentes que necesitan planificar. Para el prompting diario, CoT suele ser más práctico, pero entender ToT te da una idea de cómo la IA puede ser empujada hacia un pensamiento más exploratorio.

Ejercicio 5.2 (¡Asoma la Cabeza al Árbol de Pensamiento!):

Piensa en un problema que podría tener varias soluciones o enfoques iniciales (ej: "¿Cómo reducir el consumo de plástico en una oficina?", "¿Cuáles son las posibles causas de que mi planta se esté muriendo?"). Escribe un prompt que pida a la IA:

1. Que liste 3 posibles enfoques o causas iniciales.
2. Que evalúe brevemente la viabilidad o probabilidad de cada uno.
3. Que elija el más probable o prometedor.

Observa si la IA logra generar y sopesar las opciones de manera lógica.

5.3 ReAct: Razonamiento y Acción (Conectando con Herramientas)

ReAct es una técnica que combina el Razonamiento (Reasoning), similar a Chain-of-Thought, con la capacidad de realizar Acciones (Acting) en un entorno externo. Permite a la IA no solo "pensar", sino también "actuar" (usar herramientas) basándose en ese pensamiento, y luego "observar" el resultado de su acción para informar su siguiente pensamiento.

¿Cómo funciona ReAct (simulado mediante prompting y un sistema externo)?

El prompt ReAct define un ciclo repetitivo para la IA:

1. **Pensamiento (Thought)**: La IA razona sobre la situación actual y decide cuál es el siguiente paso lógico.
2. **Acción (Action)**: Basado en el Pensamiento, la IA genera un comando para usar una herramienta externa (ej: buscar en internet, usar una calculadora, acceder a una base de datos, llamar a una API).
3. **Observación (Observation)**: El sistema donde se ejecuta la IA intercepta el comando de Acción, ejecuta la herramienta real, y le devuelve el resultado a la IA.
4. El resultado de la Observación se añade al prompt o al historial de la conversación.
5. El ciclo vuelve al Pensamiento, donde la IA razona basándose en la nueva Observación.

Este ciclo Thought -> Action -> Observation se repite hasta que la IA determina que ha completado la tarea y genera una Respuesta Final.

Analogía: Piensa en un detective que: Piensa ("Necesito saber la dirección de este sospechoso"), decide una Acción ("Voy a buscarlo en la base de datos"), realiza la acción y obtiene una Observación ("La base de datos dice que vive en la Calle Falsa 123"). Ahora Piensa de nuevo ("Okay, ya tengo la dirección, ahora necesito ir allí...").

Ventajas de ReAct:

- Acceso a Información Actual y Precisa: Al usar herramientas de búsqueda web, la IA supera su limitación de conocimiento estático.
- Capacidad de Cálculo Preciso: Usar una calculadora elimina

errores matemáticos.

- Interacción con el Mundo Real: Permite a la IA interactuar con APIs, bases de datos, servicios, etc.
- Habilita la Construcción de Agentes de IA: Es la base de muchos asistentes de IA que pueden realizar tareas complejas en entornos digitales.
- Razonamiento Más Sólido para Tareas del Mundo Real: Al fundamentar el razonamiento en observaciones reales, la IA es menos propensa a "alucinar" hechos o resultados.

Desventajas de ReAct:

- Requiere un Sistema Externo: No puedes hacer ReAct solo con el cuadro de texto de un chatbot. Necesitas un programa o plataforma que intercepte los comandos de Acción de la IA, ejecute la herramienta real y devuelva la Observación a la IA.
- El Prompt es Más Complejo (Requiere Estructura): El prompt debe definir claramente el formato del ciclo Thought -> Action -> Observation y qué herramientas están disponibles y cómo llamarlas.
- Puede Ser Lento: Cada "Acción" que requiere una herramienta externa añade tiempo al proceso.
- Depende de la Fiabilidad de la Herramienta y la Integración: Si la herramienta falla o la integración no funciona bien, la IA no recibirá buenas observaciones y fallará.

Ejemplo Ilustrativo de Estructura ReAct (Prompt + Flujo Simulado):

Responde a la siguiente pregunta. Tienes acceso a una herramienta de búsqueda web llamada `buscar(consulta)`. Sigue el formato Thought/Action/Observation hasta que tengas la respuesta final.

Pregunta: ¿Quién ganó el Oscar a Mejor Película en el año en que se estrenó la primera película de Harry Potter?

Thought: Necesito averiguar el año de estreno de la primera película de Harry Potter. Luego, buscar quién ganó el Oscar a Mejor Película en ese año.
Action: buscar("año estreno primera película Harry Potter")

(El sistema ejecuta buscar("año estreno primera película Harry Potter") y le devuelve el resultado a la IA como Observation)

Observation: La primera película de Harry Potter ("Harry Potter y la piedra filosofal") se estrenó en 2001.

Thought: Ahora sé el año. Necesito encontrar el ganador del Oscar a Mejor Película en 2001.
Action: buscar("película ganó Oscar mejor película 2001")

(El sistema ejecuta buscar("película ganó Oscar mejor película 2001") y devuelve el resultado)

Observation: La película que ganó el Oscar a Mejor Película en la ceremonia de 2002 (que premiaba películas de 2001) fue "Una mente maravillosa".

Thought: Ya tengo la información que necesito. El año de estreno fue 2001 y la ganadora del Oscar a Mejor Película ese año fue "Una mente maravillosa". Puedo dar la respuesta final.
Final Answer: La película que ganó el Oscar a Mejor Película en el año en que se estrenó la primera película de Harry Potter (2001) fue "Una mente maravillosa".

(Nota: En un prompt real, tú le darías la Instrucción y definirías el formato Thought/Action/Observation al principio. La IA generaría el Pensamiento y la Acción, tú (o el sistema) simularías la Observación y la pegarías en el chat/prompt para que ella continuara).

¿Cuándo usar ReAct?

Cuando la tarea requiere interactuar con información que no está en el conocimiento estático de la IA, o cuando necesita usar herramientas externas para realizar cálculos o acciones específicas. Es el motor detrás de los chatbots que pueden buscar información en tiempo real, agentes que interactúan con aplicaciones, etc. Requiere más configuración técnica, pero es extremadamente potente.

Ejercicio 5.3 (¡Diseña un Agente Simple con Herramientas!):

Imagina que la IA tiene acceso a una herramienta hipotética llamada calculadora(operación) que puede realizar operaciones matemáticas y devolver el resultado.

Diseña la estructura del prompt ReAct que le permitiría a la IA resolver un problema matemático complejo que requiera varios pasos de cálculo (ej: "Calcula el 15% de la suma de 125 y 380"). Define el formato Thought/Action/Observation y cómo la IA usaría la herramienta calculadora(). No necesitas ejecutarlo en un sistema real, solo diseñar el prompt y describir el flujo esperado.

5.4 Meta-Prompting: Usando la IA para Mejorar Tus Prompts

Como vimos en el Módulo 1, crear prompts es un proceso iterativo de prueba y error. Meta-Prompting lleva esto un paso más allá: usas a la IA misma para que te ayude a diseñar, mejorar o refinar tus prompts.

La técnica consiste en hacer preguntas o dar instrucciones a la IA sobre los propios prompts o sobre el proceso de prompting.

¿Cómo funciona?

Aprovecha la capacidad de la IA para entender instrucciones, analizar texto (en este caso, tu prompt) y generar lenguaje basado en patrones. Al haber sido entrenada con innumerables prompts y conversaciones, la IA tiene un conocimiento implícito sobre cómo funcionan los prompts efectivos. Meta-Prompting explota este conocimiento.

Ventajas de Meta-Prompting:

- Acelera la Iteración: Obtener feedback o nuevas ideas de

prompt de la IA puede ser mucho más rápido que intentar adivinar tú solo.

- Supera Bloqueos Creativos: Si no se te ocurre cómo plantear un prompt, la IA puede darte ideas iniciales.
- Ayuda a Entender Fallos: Preguntarle a la IA por qué una respuesta fue mala a partir de un prompt particular a veces puede darte pistas para mejorarlo.
- Genera Variaciones: Puede sugerir diferentes formas de redactar el mismo prompt para probar cuál funciona mejor.

Desventajas de Meta-Prompting:

- La Calidad Depende del Modelo: No todos los modelos son igual de buenos dando consejos sobre prompts.
- El Feedback Puede Ser Genérico: A veces, la IA puede dar consejos obvios o poco útiles.
- Requiere un Prompt Efectivo para el Meta-Prompt: Necesitas un buen "meta-prompt" (un prompt sobre el prompt) para obtener buen feedback.

Ejemplos de Meta-Prompting:

- **Pedir Ideas de Prompt Iniciales:**

    - **Prompt**: Necesito escribir prompts para generar descripciones de productos para una tienda online de café. Dame 5 ideas de prompts diferentes para empezar.
    - **Resultado probable**: La IA sugerirá prompts como: "Eres un experto en marketing de café. Escribe una descripción para café arábica de Colombia, destacando su aroma afrutado.", "Genera 3 opciones de descripción corta para café descafeinado, tono relajado.", etc.

- **Refinar un Prompt Existente:**

- **Prompt**: Estoy usando este prompt: "Resume este texto". La respuesta que me da es demasiado larga. ¿Cómo puedo modificar mi prompt para que el resumen sea más corto, digamos, menos de 100 palabras?
- **Resultado probable**: La IA te sugerirá añadir la restricción de longitud: Puedes modificar tu prompt a: "Resume el siguiente texto en menos de 100 palabras: [texto]".

- **Entender Por Qué Falló un Prompt:**

  - **Prompt**: Usé este prompt: "Escribe una reseña de cine con spoilers". Pero la IA evitó dar spoilers. ¿Por qué crees que pasó y cómo lo pido correctamente?
  - **Resultado probable:** La IA podría explicar que los modelos suelen tener filtros de seguridad para evitar contenido que podría ser indeseado sin advertencia, y sugerir una forma más explícita de pedirlo o reconocer los riesgos (ej: "Soy consciente de que esto incluye spoilers").

- **Generar Variaciones del Mismo Prompt:**

  - **Prompt**: Dame 3 formas diferentes de pedirle a la IA que escriba un email de agradecimiento a un mentor.
  - **Resultado probable:** Sugerirá opciones variando el enfoque o el nivel de detalle.

¿Cuándo usar Meta-Prompting?

Siempre que estés en el ciclo de refinamiento iterativo y te encuentres atascado, o cuando necesites arrancar con ideas para un prompt nuevo. Es una forma de colaborar con la IA para optimizar tu propia habilidad de prompting.

Ejercicio 5.4 ¡Haz que la IA te Ayude a ser Mejor!:

Toma uno de los prompts que creaste en ejercicios anteriores para una tarea específica. Formula un meta-prompt pidiéndole a la IA que te sugiera 3 formas de mejorar ese prompt para obtener una mejor respuesta (sé específico sobre qué no te gustó de la respuesta original si la probaste). Observa las sugerencias que te da.

5.5 Explorando Patrones de Prompting: Recetas Reutilizables

A medida que la comunidad de Prompt Engineering experimenta, surgen Patrones de Prompting. Un patrón es una estructura o "receta" probada y reutilizable para resolver un tipo común de problema o lograr un objetivo específico con la IA.

Los patrones son combinaciones inteligentes de los principios (Módulo 2) y las técnicas (Módulo 3, y a veces 5). Identificar y usar patrones acelera tu trabajo porque no tienes que inventar la rueda cada vez. Son soluciones pre-fabricadas que puedes adaptar.

¿Por qué son útiles los patrones?

- Eficiencia: Te dan un punto de partida sólido para tareas comunes.

- Fiabilidad: Son estructuras que han demostrado funcionar bien.

- Vocabulario Común: Te permiten hablar de diseños de prompt con otros.

- Guía: Te muestran cómo combinar principios y técnicas de formas efectivas.

Muchos de los conceptos que hemos visto pueden ser vistos

como patrones básicos o forman parte de patrones más complejos:

- El Role Prompting (Módulo 3) es también el "Persona Pattern".
- Pedir formato específico (Módulo 2) es parte del "Output Shaping Pattern".
- Chain-of-Thought (Módulo 5) se relaciona con el "Cognitive Patterns".

Veamos algunos patrones comunes o interesantes que puedes aplicar:

- **Patrón Persona (Persona Pattern)**: (Visto en Módulos 2 y 3). Pide a la IA que actúe como un rol específico.

  - *Problema que resuelve:* Necesidad de un tono, estilo o perspectiva particular.
  - *Estructura:* Actúa como [Descripción detallada de la persona/rol]. [Tu tarea].
  - *Ejemplo:* Actúa como un asesor de carreras profesionales con 20 años de experiencia. Dame 5 consejos para destacar en una entrevista de trabajo.

- **Patrón Verificador Cognitivo (Cognitive Verifier Pattern)**: Pide a la IA que te haga preguntas para entender mejor la tarea o el contexto antes de realizarla.

  - *Problema que resuelve:* Tu instrucción inicial podría no ser lo suficientemente clara o podrías no haber proporcionado suficiente contexto.
  - *Estructura:* Quiero [Tu objetivo o tarea]. Hazme preguntas hasta que tengas suficiente información para completarla correctamente. Empieza por la primera pregunta.

○   *Ejemplo:* Quiero que me ayudes a planificar un itinerario de viaje a Japón. Hazme preguntas hasta que tengas suficiente información sobre mis intereses, presupuesto y duración del viaje. Empieza por la primera pregunta.

- **Patrón Pregunta-Respuesta Fundamentada (Grounded Q&A Pattern):**

Pide a la IA que responda a una pregunta basándose únicamente en un texto de referencia que tú le proporcionas. Esto evita que la IA alucine o use conocimiento desactualizado. Muy importante en sistemas RAG (que veremos en Módulo 6).

○   *Problema que resuelve:* Necesidad de respuestas precisas basadas en una fuente específica; evitar alucinaciones.

○   *Estructura:* Responde a la siguiente pregunta BASÁNDOTE EXCLUSIVAMENTE en el texto proporcionado. Si la respuesta no se encuentra en el texto, di que no tienes información. Pregunta: [Tu pregunta]. Texto: """[Texto de referencia]""".

○   *Ejemplo:* Responde a la siguiente pregunta BASÁNDOTE EXCLUSIVAMENTE en el texto proporcionado. Si la respuesta no se encuentra en el texto, di que no tienes información. Pregunta: ¿Cuál es la principal causa del cambio climático según este texto? Texto: """[Párrafo de un informe científico]"""

- **Patrón de Transformación o Extracción (Transformation/Extraction Pattern):**

Muestra ejemplos de cómo transformar o extraer información de un formato a otro, y pide a la IA que aplique el patrón a nuevos datos (Few-Shot aplicado a transformación/extracción).

- *Problema que resuelve:* Necesidad de reestructurar datos o texto de una forma específica.

Estructura: (Similar a Few-Shot, pero enfocado en la transformación)
Transforma los siguientes datos al formato JSON.
Ejemplo 1:
Input: Nombre: Ana, Edad: 30, Ciudad: Madrid
Output: {"nombre": "Ana", "edad": 30, "ciudad": "Madrid"}

Tu Dato:
Input: Producto: Café, Precio: 15, Stock: 100
Output:

- *Ejemplo:* Ver ejemplo de Few-Shot en Módulo 3 para extracción JSON.

Hay muchos otros patrones, y la comunidad sigue descubriendo y documentando nuevos. Conocer los patrones comunes te da un conjunto de "atajos" para abordar tareas recurrentes de forma efectiva.

Ejercicio 5.5 (¡Aplica Patrones Probados!):

1. Elige una pregunta de conocimiento general sobre un tema que la IA probablemente conozca, pero que no esté en el texto que le vas a dar. Aplica el Patrón Pregunta-Respuesta Fundamentada, pidiéndole que responda BASÁNDOSE EXCLUSIVAMENTE en un texto corto que *no* contiene la respuesta. Observa cómo la IA gestiona la restricción.
2. Piensa en una situación donde necesitarías que la IA te ayude a refinar algo (ej: una idea de negocio poco clara).

Aplica el Patrón Verificador Cognitivo para que la IA te haga preguntas y te ayude a aclarar tu idea. Interactúa un poco con la IA.

Poniéndolo Todo Junto: El Prompt Engineer Avanzado en Acción

Dominar el Prompt Engineering avanzado implica saber cuándo usar CoT para razonamiento, cuándo ReAct para interactuar con herramientas, cuándo Meta-Prompting para refinar tu propio trabajo, y cuándo aplicar patrones conocidos para resolver problemas comunes.

Más importante aún, implica saber cómo combinar estas técnicas avanzadas con los principios fundamentales (claridad, rol, etc.) y las habilidades de estructuración de prompts complejos (Módulo 4). Un prompt ReAct efectivo, por ejemplo, *necesita* una estructura clara para definir el formato Thought/Action/Observation. Un patrón de Pregunta-Respuesta Fundamentada *es* una forma estructurada de aplicar una restricción clave (basarse solo en el texto).

Ejercicio 5.6 (¡Tu Primer Diseño Avanzado Combinado!):

Diseña (no necesitas ejecutarlo si no tienes un sistema ReAct) un prompt que combine la técnica ReAct con al menos un Rol y una Restricción Negativa.

Imagina que la IA tiene acceso a una herramienta llamada buscar_receta(ingrediente) que busca recetas que contengan ese ingrediente.

Tu tarea es diseñar el prompt para que la IA actúe como un "Nutricionista Robot" (ROL), que pueda buscar recetas usando la herramienta, pero que EVITE cualquier receta que contenga azúcar refinada (RESTRICCIÓN NEGATIVA). Define la estructura Thought/Action/Observation y cómo la IA usaría la herramienta, e incluye la restricción. Describe cómo sería el flujo si el usuario le pidiera "Busca recetas con brócoli".

MÓDULO 6: PROMPTING APLICADO A DOMINIOS ESPECÍFICOS

Hemos construido los cimientos con los principios (Módulo 2), aprendido técnicas esenciales (Módulo 3) y dominado la estructuración de prompts complejos (Módulo 4), incluso los extensos (Módulo 4.6). Ahora es el momento de ver cómo todo esto cobra vida en aplicaciones prácticas y dominios específicos.

En este módulo, exploraremos cómo adaptar tus habilidades de Prompt Engineering para lograr resultados óptimos en diferentes tipos de tareas creativas, técnicas y de procesamiento de información. Verás que, aunque la tarea cambie (de escribir un poema a depurar código), los principios y técnicas subyacentes siguen siendo los mismos; solo cambia la forma en que los aplicas y el tipo de detalles que incluyes en tu prompt.

Vamos a sumergirnos en algunos de los dominios más comunes donde el Prompt Engineering es indispensable.

6.1 Prompting para Generación de Texto Creativo

La IA Generativa es una herramienta increíblemente potente

para la creatividad. Puede ayudarte a superar el bloqueo del escritor, generar ideas, explorar diferentes estilos o incluso escribir borradores completos de historias, poemas, guiones o canciones.

Prompting para texto creativo se centra en guiar a la IA no solo en *qué* escribir, sino en *cómo* escribirlo para que tenga el estilo, tono, género y estructura que buscas.

Principios Clave Aplicados Aquí:

- **Especificidad Extrema**: Define género, subgénero, tono, época, audiencia, punto de vista (primera/tercera persona), escenario, características de personajes, giros argumentales deseados. Cuanto más detallado seas sobre tu visión creativa, mejor.

- **Definición de Salida (Estilo y Tono)**: Crucial aquí. Usa adjetivos descriptivos para el estilo (lírico, crudo, minimalista, épico, humorístico) y el tono (melancólico, alegre, misterioso, sarcástico).

- **Rol**: Asigna un rol creativo a la IA ("Actúa como un novelista de ciencia ficción", "Eres un poeta simbolista del siglo XIX"). Esto impregna la escritura del estilo y la voz deseada.

- **Restricciones:** Útil para *evitar* clichés, palabras específicas, temas no deseados o para *incluir* elementos obligatorios (un objeto particular, una frase, un evento).

- **Few-Shot (para Estilo Específico)**: Si quieres imitar un estilo muy particular (ej: el de un autor poco conocido), puedes incluir un fragmento de texto en ese estilo como ejemplo.

Ejemplos Detallados:

- **Generar Ideas para una Historia:**

  - **Prompt**: Eres un generador de ideas para guiones de películas de terror psicológico. Dame 5 ideas originales para la trama de una película de terror psicológico ambientada en un faro aislado.

- ○ *Por qué funciona:* Rol específico, tarea clara, género definido, escenario específico, cantidad deseada.

- **Escribir un Poema con Estilo y Tono Concreto:**

  - ○ **Prompt**: Actúa como un poeta que ama la naturaleza. Escribe un poema corto (4 estrofas de 4 versos) sobre la sensación de caminar por un bosque en otoño, usando un lenguaje sensorial y un tono ligeramente nostálgico.
  - ○ *Por qué funciona:* Rol, tarea, longitud/estructura, tema, lenguaje, tono especificados.

- **Escribir el Inicio de una Historia (con Detalles):**

  - ○ **Prompt**: Escribe el primer capítulo (unas 700 palabras) de una novela de fantasía épica juvenil. La protagonista es una joven granjera que descubre que tiene un poder mágico latente el día que su aldea es atacada por criaturas de sombra. El tono debe ser aventurero y un poco oscuro. La historia se cuenta en tercera persona.
  - ○ *Por qué funciona:* Género, subgénero, longitud, personaje principal, evento desencadenante, tono, punto de vista especificados.

- **Continuar una Historia:**

  - ○ **Prompt**: Continúa la siguiente historia a partir de aquí, manteniendo el mismo estilo y tono: "[Pega aquí el final del texto o capítulo]". La siguiente escena ocurre en una cueva oscura y el personaje debe encontrarse con un ser misterioso.

- o   *Por qué funciona:* Contexto (el texto anterior), tarea clara (continuar), restricción (mismo estilo/tono), nuevo escenario y elemento de trama a introducir.

Desafíos:

- **Originalidad Real:** Aunque la IA genera texto "nuevo", se basa en patrones de entrenamiento. Conseguir algo verdaderamente original o con una voz artística única puede requerir mucha iteración y refinamiento.
- **Coherencia a Largo Plazo:** En textos muy extensos, la IA puede perder la coherencia en la trama, las características de los personajes o el estilo. A menudo es mejor generar por secciones o párrafos y luego editar.
- **Subjetividad:** La "calidad" o "creatividad" es subjetiva. Necesitas ser capaz de articular *qué* buscas para guiar a la IA.

Consejos para Prompting Creativo:

- Sé un Buen Director: No esperes que la IA escriba la obra maestra completa sola. Dale ideas, pídele variaciones, hazle preguntas sobre los personajes, pídele escenas específicas.
- Experimenta con Roles Inusuales: ¿Qué pasaría si un extraterrestre intentara escribir un poema de amor?
- Usa Negative Prompting para Evitar Clichés: "NO uses frases como 'el sol se ponía en el horizonte'."
- Define los Sentimientos: Para poesía o prosa emocional, especifica qué emociones deben estar presentes.

Ejercicio 6.1 (¡Desata la Creatividad de la IA!):

1. Elige un género creativo que te guste (ej: ciencia ficción, romance, misterio). Escribe un prompt pidiendo a la IA que genere una idea original para una historia dentro de ese género, añadiendo 2-3 elementos inesperados o combinando subgéneros.
2. Toma una idea simple (propia o generada por la IA).

Escribe un prompt pidiendo a la IA que escriba una escena corta basada en esa idea, especificando el lugar, los personajes involucrados (si los hay), el tono (ej: tenso, cómico) y un evento específico que debe ocurrir en la escena.

6.2 Prompting para Generación de Código

Los LLMs son sorprendentemente buenos trabajando con código. Pueden generar funciones, clases, scripts, depurar código, explicarlo, refactorizarlo e incluso ayudar a generar pruebas.

Prompting para código requiere precisión técnica además de claridad en el lenguaje natural. La IA debe entender tanto tu intención como los detalles específicos del lenguaje de programación o framework que estás usando.

Principios Clave Aplicados Aquí:

- **Especificidad Extrema (Técnica)**: Define el lenguaje de programación (Python, JavaScript, Java, etc.), el framework o librería (React, Django, etc.), la versión (si importa), el objetivo exacto del código (una función para qué), la firma de la función (nombre, parámetros), el tipo de retorno esperado.

- **Contexto (Código Existente)**: Crucial si el código nuevo debe encajar en un proyecto existente. Pega el código relevante con delimitadores para que la IA entienda dónde debe integrarse o basarse.

- **Definición de Salida (Formato Código)**: Pide explícitamente código Python, una función JavaScript, un script de Bash, etc. Usa backticks triples (language) para que la IA formatee la salida como código.

- **Restricciones**: Útil para evitar ciertas prácticas de codificación, forzar el uso de ciertas estructuras o patrones, o excluir librerías específicas.

Ejemplos Detallados:

- **Generar una Función Simple:**

  - **Prompt**: Escribe una función en Python llamada 'es_primo' que tome un número entero como entrada y devuelva True si el número es primo, y False en caso contrario.
  - *Por qué funciona:* Lenguaje, tarea clara, nombre de función, entrada y salida esperada definidas.

- **Generar Código que Encaja en un Contexto:**

  - **Prompt**: Aquí tienes mi clase de usuario en JavaScript: """[Pega código de clase Usuario]""". Añade un método llamado 'saludar' a esta clase que imprima un saludo usando el nombre del usuario.
  - *Por qué funciona:* Contexto (código existente), tarea clara (añadir método), nombre del método y funcionalidad esperada.

- **Depurar Código:**

  - **Prompt**: El siguiente código Python tiene un error. Encuéntralo y corrígelo. Explica brevemente cuál fue el error. ```[Pega código con error]```
  - *Por qué funciona:* Tarea clara (depurar + explicar), contexto (código erróneo), formato de salida deseado (código corregido + explicación).

- **Explicar Código:**

- ○ **Prompt**: Explícame cómo funciona el siguiente código Java línea por línea, en un lenguaje sencillo para alguien que está aprendiendo a programar: ``` [Pega código Java]```
- ○ *Por qué funciona:* Tarea clara (explicar), contexto (código a explicar), audiencia especificada, formato de salida (línea por línea), estilo/tono (sencillo).

- **Generar Pruebas Unitarias:**

  - ○ **Prompt**: Escribe pruebas unitarias en Python usando el framework unittest para la siguiente función: ``` [Pega código de función]```
  - ○ *Por qué funciona:* Tarea clara (escribir pruebas), lenguaje/framework, contexto (función a testear).

Desafíos:

- **Errores Lógicos o "Alucinaciones" en el Código:** La IA puede generar código que se ve bien sintácticamente pero contiene errores lógicos sutiles o utiliza APIs/funciones que no existen. Siempre verifica y testea el código generado.

- **Código Subóptimo o Inseguro:** El código puede no ser la forma más eficiente, moderna o segura de resolver un problema.

- **Manejar Proyectos Grandes:** La ventana de contexto limita cuánto código existente puedes proporcionar como contexto. Para proyectos grandes, la IA no tendrá una visión completa.

Consejos para Prompting de Código:

- Sé lo Más Específico Posible: Define el lenguaje, la versión, las librerías, el objetivo y las entradas/salidas de funciones.

- Proporciona Contexto Relevante: Pega fragmentos de código relacionados si el código nuevo debe interactuar con ellos.

- Usa Delimitadores para Código: Siempre encierra el código (tanto el de entrada como el que pides generar) con backticks triples () e indica el lenguaje (python```).
- Verifica y Prueba Siempre: NUNCA uses código generado por IA en producción sin revisarlo y probarlo a fondo.

Ejercicio 6.2 ¡Convierte la IA en Tu Coder Asistente!:

1. Piensa en una pequeña tarea de programación que te gustaría automatizar (ej: convertir grados Celsius a Fahrenheit, invertir una cadena de texto). Escribe un prompt pidiendo a la IA que escriba una función en un lenguaje que conozcas para realizar esa tarea. Sé específico sobre el lenguaje, el nombre de la función y qué debe hacer.
2. Encuentra un fragmento de código sencillo que no entiendas del todo o que creas que se podría mejorar (puede ser tuyo o de internet). Escribe un prompt pidiendo a la IA que te explique ese código *paso a paso* (¡combina con CoT!) o que te sugiera una forma de *refactorizarlo* para que sea más legible o eficiente.

6.3 Prompting para Resumen de Texto

Resumir textos es una de las tareas más comunes para las IAs. Un buen prompt de resumen te permite controlar no solo que la IA extraiga las ideas principales, sino cómo presenta ese resumen, para quién, y con qué nivel de detalle o enfoque.

Principios Clave Aplicados Aquí:

- **Contexto (El Texto a Resumir)**: Fundamental. Tienes que proporcionarle el texto completo o relevante a la IA, usando delimitadores para separarlo de las instrucciones.
- **Definición de Salida (Formato, Longitud, Estilo, Tono)**: Crucial para un resumen útil. ¿Quieres viñetas o párrafos? ¿Corto o detallado? ¿Formal o informal? ¿Enfocado en hechos o en implicaciones?
- **Rol (Opcional)**: Puedes pedirle que resuma desde una perspectiva específica ("Eres un analista financiero resumiendo este informe para inversores").
- **Restricciones**: Útil para incluir o excluir ciertos temas, palabras clave o tipos de información en el resumen.

Técnicas Específicas para Resumir:

- Especificar Longitud: La forma más básica de controlar el resumen (resume en X palabras/frases/párrafos).

- Especificar Formato: Pedir listas numeradas, viñetas, una tabla (si el texto es tabular).

- Especificar Enfoque/Criterios: Decirle a la IA *qué* es importante en el texto para el resumen (enfócate en las causas, ignora los ejemplos, incluye las fechas clave).

- Resumen para Audiencia/Propósito: Combinar Contexto, Rol y Definición de Salida para adaptar el resumen a quién lo leerá y para qué.
- Resumen Abstractivo vs. Extractivo:
  - Extractivo: La IA selecciona frases o fragmentos *literales* del texto original. Prompt: Extrae las frases más importantes del siguiente texto que resumen las ideas clave.
  - Abstractivo: La IA reescribe las ideas principales con sus propias palabras. Prompt: Resume el siguiente texto reescribiendo las ideas principales en tus

propias palabras. (La mayoría de los resúmenes de IA son abstractivos o una mezcla).

Ejemplos Detallados:

- **Resumen Básico con Longitud y Formato:**

  - **Prompt**: Resume el siguiente artículo en 5 puntos clave usando viñetas: """[Pega texto del artículo]"""
  - *Por qué funciona:* Tarea clara (resumir), contexto (artículo con delimitadores), cantidad y formato especificados.

- **Resumen con Enfoque y Audiencia:**

  - **Prompt**: Eres un periodista científico. Resume el siguiente estudio de investigación sobre el cambio climático para un público general no experto, centrándote en las consecuencias prácticas para la vida diaria. Máximo 2 párrafos. Estudio: """[Pega texto del estudio]"""
  - *Por qué funciona:* Rol, tarea, audiencia, enfoque, longitud, contexto especificados.

- **Resumen de Múltiples Textos (Requiere Módulo 4 Estructura):**

  - **Prompt**: Compara y resume las principales diferencias de opinión entre el Documento A y el Documento B sobre el tema X. Presenta las diferencias en una lista numerada. <DocumentoA>[...]</DocumentoA> <DocumentoB>[...]</DocumentoB>
  - *Por qué funciona:* Tarea (comparar y resumir), enfoque

(diferencias), formato, contexto de múltiples piezas con delimitadores.

Desafíos:

- Precisión y "Alucinaciones" en Resúmenes Abstractivos: La IA puede malinterpretar sutilmente el texto original o añadir información que no estaba presente al reescribir.

- Manejar Textos Muy Largos: La ventana de contexto limita la longitud del texto que puedes pegar. Para libros o informes muy largos, necesitarás resumir por secciones o usar técnicas avanzadas como RAG (Módulo 6.5).
- Capturar Matices: A veces, los resúmenes pueden perder matices importantes, ironía o tono del texto original.

Consejos para Prompting de Resumen:

- Sé Muy Claro con el Propósito del Resumen: ¿Para qué necesitas el resumen? Esto ayuda a la IA a enfocarlo correctamente.

- Usa Delimitadores para el Texto de Entrada: Siempre separa el texto a resumir de tus instrucciones.
- Especifica el Formato y la Longitud: Ayuda a obtener un resultado utilizable.

- Para Textos Críticos, Verifica el Resumen: Compara el resumen de la IA con el texto original para asegurar la precisión, especialmente si es para información importante.

Ejercicio 6.3 (¡Convierte Textos Largos en Cortos y Útiles!):

1. Busca un artículo online corto sobre un tema que te

interese. Escribe un prompt pidiendo a la IA que lo resuma de dos formas diferentes:

- o Resumen A: Corto (ej: 3 frases), para el público general, en un párrafo.
- o Resumen B: Un poco más largo (ej: 5-7 puntos), para estudiantes del tema, en formato de lista con viñetas, centrado en los conceptos clave.

2. Busca un texto con información estructurada (ej: la descripción de un producto con sus características, o un párrafo sobre la biografía de alguien con fechas y datos). Escribe un prompt pidiendo a la IA que *resuma y extraiga* los datos principales en un formato específico que elijas (ej: una lista de 'Clave: Valor', o una tabla).

6.4 Prompting para Extracción y Estructuración de Datos

Las IAs son excelentes para leer texto no estructurado (frases, párrafos) e identificar y extraer información específica para luego presentarla de forma estructurada (listas, tablas, JSON). Esto es súper útil para procesar datos de emails, documentos, comentarios, etc.

Principios Clave Aplicados Aquí:

- **Contexto (El Texto de Origen):** Tienes que darle a la IA el texto del que debe extraer los datos, claramente delimitado.
- **Especificidad (Qué Extraer):** Define *exactamente* qué datos buscas (nombres, fechas, direcciones, cantidades, conceptos clave).
- **Definición de Salida (Formato Estructurado):** Crucial. Tienes que decir *cómo* quieres los datos extraídos (lista, tabla, JSON, CSV). Esto es lo que transforma el texto no estructurado en datos útiles.
- **Few-Shot:** A menudo es la técnica MÁS efectiva aquí. Mostrarle a la IA 1 o 2 ejemplos de cómo transformar tu

texto a la estructura deseada es la forma más fiable de que lo haga correctamente.

- **Restricciones:** Puedes añadir restricciones para excluir datos irrelevantes o para asegurarte de que solo extrae un tipo particular de información.

Técnicas Específicas para Extracción y Estructuración:

- Extracción Simple por Tipo: Pedir nombres, fechas, lugares, organizaciones, etc.

- Extracción con Mapping (a Clave: Valor): Identificar conceptos y asignarles una etiqueta.

- Extracción a Formatos Estándar: JSON, CSV, Tablas, YAML.

- Extracción Condicional: Extraer información solo si cumple cierta condición.

- Extracción de Múltiples Entidades: Extraer todos los emails, todos los números de teléfono, etc., de un texto largo.

Ejemplos Detallados:

- **Extracción Simple a Lista:**

  - **Prompt**: Extrae todos los nombres de personas mencionados en el siguiente texto y ponlos en una lista con viñetas: """[Pega texto]"""
  - *Por qué funciona:* Tarea (extraer nombres), formato (lista con viñetas), contexto.

- **Extracción a JSON con Few-Shot:**

  - **Prompt**:

Extrae el nombre y la edad de las siguientes descripciones y ponlos en formato JSON con las claves "nombre_completo" y "años". Sigue el patrón.

Ejemplo 1:
Texto: Pedro Gómez, 45 años.
JSON: {"nombre_completo": "Pedro Gómez", "años": 45}

Ejemplo 2:
Texto: Mi colega María Rodríguez tiene 31.
JSON: {"nombre_completo": "María Rodríguez", "años": 31}

Tu Texto:
Texto: El supervisor, Juan Martínez, cuenta con 52 años de experiencia.
JSON:

- o *Por qué funciona:* Tarea (extraer a JSON), especificidad (qué claves), contexto (texto origen), Few-Shot mostrando el patrón exacto.

- **Extracción a Tabla:**

  - o **Prompt**: Extrae la información de cada producto (Nombre, Precio, Stock) del siguiente inventario y ponla en una tabla con las columnas correspondientes: """[Pega texto de inventario]"""
  - o *Por qué funciona:* Tarea (extraer), especificación (qué datos), formato (tabla con columnas), contexto.

- **Extracción Condicional:**

  - o **Prompt**: Lee los siguientes comentarios de productos. Extrae solo los comentarios que mencionen la palabra "lento" y anota el nombre del producto al que se refieren. Presenta la salida como una lista: "Producto: [Nombre], Comentario: [Texto]". Comentarios: """[Pega comentarios]"""

- ○ *Por qué funciona*: Tarea (extraer), condición (contener "lento"), qué extraer, formato, contexto.

Desafíos:

- Variabilidad del Texto de Origen: Si el texto de donde extraes varía mucho en su estructura, un prompt puede no funcionar para todos los casos. Requiere prompts más robustos o múltiples prompts.
- Ambigüedad: El lenguaje natural es ambiguo. La IA puede malinterpretar qué dato es cuál.
- Datos Anidados o Complejos: Extraer información de estructuras de texto muy complejas o anidadas es más difícil.

Consejos para Prompting de Extracción:

- Few-Shot es Tu Mejor Aliado: Para extracción a formato estructurado, casi siempre es mejor mostrar ejemplos claros.

- Define la Estructura de Salida con Precisión: Sé extremadamente claro sobre el formato JSON, las columnas de la tabla, el delimitador CSV, etc. Pega el encabezado de la tabla o el esquema JSON si es necesario.

- Usa Delimitadores Fuertes: Asegúrate de que la IA no confunde el texto a extraer con tus instrucciones.

- Prueba con Datos Variados: Si vas a usar el prompt para muchos textos, pruébalo con ejemplos que representen la variedad de formatos o estructuras que la IA encontrará.

Ejercicio 6.4 ¡Convierte Texto en Datos Estructurados!:

1. Busca el texto de una reseña de un producto o servicio. Escribe un prompt usando Few-Shot para extraer 3 datos clave de la reseña (ej: "Nombre del autor", "Puntuación dada", "Un aspecto positivo mencionado"). Muestra en los ejemplos cómo quieres que esos datos se presenten en formato JSON.
2. Busca un párrafo que describa varias cosas con características (ej: un párrafo sobre diferentes tipos de café, o diferentes modelos de coches). Escribe un prompt pidiendo a la IA que extraiga cada "objeto" descrito y sus características principales, presentando la salida en formato de tabla con columnas para cada característica relevante.

6.5 Prompting en Sistemas de Recuperación Aumentada (RAG)

Hasta ahora, la IA Generativa responde basándose en su conocimiento interno (lo que aprendió durante el entrenamiento). Pero, ¿qué pasa si necesitas que responda usando información *actual* o *privada* a la que la IA no tiene acceso general (ej: documentos de tu empresa, datos en tiempo real)?

Aquí es donde entran los sistemas RAG (Retrieval Augmented Generation). Un sistema RAG funciona así:

1. Cuando haces una pregunta, el sistema busca en una base de datos externa (tus documentos, internet en tiempo real, etc.) la información más relevante para tu pregunta (esto es la "Recuperación" - Retrieval).
2. Luego, toma tu pregunta original más la información relevante encontrada y se la da a la IA Generativa como contexto adicional en el prompt.
3. La IA Generativa lee ese contexto proporcionado y

genera una respuesta basándose *en ese contexto* (esto es la "Generación Aumentada" - Augmented Generation).

En este escenario, el Prompt Engineering se enfoca en cómo pedirle a la IA que use *correctamente* el contexto adicional que el sistema RAG le proporciona.

Principios Clave Aplicados Aquí (con un Giro):

- **Contexto (Primario):** ¡El contexto proporcionado por el sistema RAG es lo más importante! Tu prompt debe instruir a la IA para que base su respuesta *principalmente* o *exclusivamente* en ese contexto.

- **Especificidad (En la Pregunta y en el Uso del Contexto):** Tu pregunta debe ser clara para que el sistema RAG encuentre la información correcta. Y tu instrucción a la IA debe ser específica sobre *cómo usar* el contexto encontrado.

- **Restricciones (Cruciales):** Debes añadir restricciones para que la IA:

  - Solo use el contexto proporcionado: Responde a la pregunta BASÁNDOTE EXCLUSIVAMENTE en la información proporcionada.
  - No use su conocimiento general: Si la respuesta a la pregunta no se encuentra en la información proporcionada, di que no tienes suficiente información.

  - Cite fuentes (si aplica): Siempre que uses información del texto proporcionado, indica de qué parte proviene (ej: [Página 3], [Documento X]).

- **Rol (Opcional):** Puedes combinar RAG con Role Prompting ("Eres un experto en la documentación proporcionada...").

Técnicas de Prompting Específicas en RAG:

- Prompting Basado en Contexto Exclusivo: El patrón fundamental en RAG.

- Prompting con Instrucciones de Citación: Pedirle a la IA que indique de dónde sacó la información dentro del contexto.

- Prompting para Síntesis de Múltiples Fragmentos: Si el sistema RAG devuelve varios fragmentos de texto, el prompt debe pedirle a la IA que los lea todos y sintetice la respuesta.

- Prompting para Manejar la Ausencia de Información: Instruir a la IA sobre qué decir si la información necesaria *no* está en el contexto recuperado.

Ejemplo Detallado de Prompt en Sistema RAG:

Imagina que tienes un sistema RAG conectado a los manuales internos de tu empresa. El sistema recupera los fragmentos relevantes y te genera un prompt para la IA:

Eres un asistente de soporte interno. Tu tarea es responder a la pregunta del usuario BASÁNDOTE EXCLUSIVAMENTE en los fragmentos de documentación proporcionados. Si la respuesta a la pregunta NO se encuentra en estos fragmentos, responde "No tengo suficiente información en la documentación interna para responder a esa pregunta."

Pregunta del Usuario: ¿Cómo solicito acceso a la VPN corporativa?

--- Fragmentos de Documentación Relevante ---
"""

[Fragmento 1 del manual de TI sobre VPN, pasos 1-3]
[Fragmento 2 del manual de TI sobre VPN, pasos 4-6]
[Fragmento 3 del manual de políticas de seguridad]
"""

--- Fin de Fragmentos ---

Ahora, responde a la pregunta del usuario basándote en la información anterior.

- *Por qué funciona:* Rol, tarea, restricción crucial ("BASÁNDOTE EXCLUSIVAMENTE"), instrucción para manejar la falta de info, pregunta del usuario clara, contexto proporcionado por el sistema RAG con delimitadores fuertes.

Desafíos:

- Calidad del Contexto Recuperado: Si el sistema RAG no recupera información *realmente* relevante o si la información es contradictoria, la IA tendrá dificultades para dar una buena respuesta, sin importar cuán bueno sea tu prompt.

- Longitud del Contexto: El contexto recuperado, más tu prompt, debe caber dentro de la ventana de contexto de la IA. Si se recupera demasiada información, puede ser truncada.

- Instruir a la IA a Ignorar su Conocimiento: Es sorprendentemente difícil para la IA ignorar por completo su conocimiento general, incluso con instrucciones fuertes como "BASÁNDOTE EXCLUSIVAMENTE". Puede haber "contaminación".

- Citar Correctamente: Pedir citaciones precisas puede ser inconsistente dependiendo del modelo.

Consejos para Prompting en RAG:

- Enfócate en la Restricción de Contexto: Haz que sea la instrucción más prominente y clara: ¡solo usa la información dada! Repítela si es necesario.

- Ayuda al Sistema RAG con una Buena Pregunta Inicial: La calidad de la respuesta final empieza con que el sistema RAG encuentre el contexto correcto. Formula bien la pregunta inicial al sistema.

- Maneja la Ausencia de Información: Siempre instruye a la IA sobre qué decir si el contexto proporcionado no contiene la respuesta.

- Considera la Ventana de Contexto: Si esperas que se recupere mucha información, ten en cuenta la ventana del modelo.

Ejercicio 6.5 ¡Sé el Director de Orquesta del Conocimiento!:

Imagina que tienes acceso a un sistema RAG (puedes simularlo buscando información en Google sobre un tema específico y copiando 2-3 párrafos relevantes).

1. Formula una pregunta para la que esa información copiada sea la respuesta.
2. Diseña el prompt que enviarías a la IA (simulando lo que haría el sistema RAG) que incluya tu pregunta y la información copiada como contexto. Asegúrate de añadir instrucciones claras a la IA para que solo use la información proporcionada para responder.
3. (Opcional) Si la información copiada no responde completamente a la pregunta, asegúrate de que tu prompt le dice a la IA qué responder en ese caso.

6.6 Diseñando Prompts para IA Conversacional

Las IAs conversacionales (chatbots, asistentes virtuales) requieren un enfoque de prompting diferente porque la interacción es multi-turno. No es solo un prompt y una respuesta; es un diálogo continuo donde cada turno se construye sobre los anteriores (dentro de la ventana de contexto).

Prompting para IA conversacional implica definir la personalidad y el comportamiento general de la IA para toda la conversación (a menudo con un prompt extenso inicial, ¡hola, Módulo 4.6!) y luego adaptar los prompts en cada turno para guiar la interacción específica.

Principios Clave Aplicados Aquí:

- **Rol (Fundamental):** Define la identidad, el propósito y el tono del chatbot. Este es a menudo la base del prompt de sistema inicial.

- **Reglas y Restricciones (Vitales para el Comportamiento):** Establece qué puede o no puede decir el chatbot, cómo manejar ciertos temas, cómo interactuar con el usuario. (Esto va en el prompt de sistema).

- **Contexto Conversacional (Automático pero Limitado):** El historial del chat es el contexto automático. Debes ser consciente de la ventana de contexto para entender por qué el chatbot puede "olvidar" cosas al principio de la conversación.

- **Especificidad (en Cada Turno):** Aunque el prompt de sistema define las reglas generales, tu prompt *como usuario* en cada turno debe ser claro sobre lo que pides *ahora*.

- **Manejar Variabilidad de Entrada:** Anticipa que los usuarios preguntarán de muchas maneras diferentes y diseña prompts que la IA pueda manejar.

Técnicas de Prompting Específicas en Conversacional:

- Prompt de Sistema / Prompt Inicial Extenso: Define la personalidad, reglas y propósito del chatbot al inicio.

- Prompting de Turno Específico: Cómo formular tu pregunta o comentario en cada interacción para obtener la respuesta deseada dentro del marco del chatbot.

- Prompting para Corregir el Rumbo: Cómo decirle a la IA si se ha desviado de su rol o reglas.

- Prompting para Manejar Ambigüedad del Usuario: Pedirle a la IA que solicite aclaraciones si la pregunta del usuario es ambigua (puede definirse en las reglas iniciales).

Ejemplos Detallados:

Prompt de Sistema (Ejemplo, aplicando M4.6):

Eres "Dr. Bot", un amable y paciente asistente virtual diseñado para responder preguntas frecuentes sobre salud básica basadas en información médica general (NO haces diagnósticos, NO das consejos médicos personalizados).
REGLAS:
- Responde con un tono empático y comprensivo.
- Usa lenguaje sencillo, evita la jerga médica compleja.
- Si la pregunta requiere diagnóstico o consejo personalizado, responde: "Como IA, no puedo dar diagnósticos. Por favor, consulta a un profesional de la salud."
- Mantén las respuestas concisas, máximo 2 párrafos.
- SI el usuario hace una pregunta fuera del tema de salud básica, redirige amablemente: "Mi propósito es responder preguntas sobre salud básica. ¿Puedo ayudarte con eso?"

○ *Por qué funciona:* Rol claro, reglas detalladas de comportamiento, restricciones (qué no hacer, qué decir si no aplica), tono y longitud definidos.

- Prompt en un Turno (Interactuando con el Bot del ejemplo anterior):

  ○ Usuario (Tu Prompt): Hola Dr. Bot, ¿cuáles son los síntomas de un resfriado común?
  ○ IA (Usando su Prompt de Sistema + tu pregunta): (Responderá con la lista de síntomas de un resfriado en lenguaje sencillo y tono amigable, basándose en su conocimiento general y sus reglas).

- **Prompt para Corregir el Comportamiento:**

  ○ Imagina que, a pesar de las reglas, el "Dr. Bot" empieza a dar un diagnóstico.
  ○ Usuario (Tu Prompt de Corrección): Dr. Bot, recuerda que tu regla es NO hacer diagnósticos. Por favor, limita tu respuesta a información general sobre síntomas.
  ○ *Por qué funciona:* Le recuerdas explícitamente su regla y le pides que corrija su comportamiento.

Desafíos:

- Mantener el Rol y las Reglas: En conversaciones largas o complejas, la IA puede desviarse del rol o de las reglas establecidas en el prompt inicial debido a la ventana de contexto o a patrones de respuesta más fuertes.

- Manejar la Intención del Usuario: Entender exactamente qué quiere el usuario a partir de lenguaje conversacional informal o ambiguo es difícil.

- Coherencia a Largo Plazo: Asegurar que las respuestas en un turno no contradicen lo dicho en turnos anteriores (más allá de la ventana de contexto inmediata).

Consejos para Prompting Conversacional:

- Invierte en un Buen Prompt de Sistema Inicial: Es la base de la personalidad y comportamiento del chatbot.

- Sé Consciente de la Ventana de Contexto: En conversaciones largas, la IA "olvidará" el inicio. Si algo crucial se olvida, re-introdúcelo.

- Si Diseñas un Bot, Sé Explícito con las Reglas: Cuanto más claras y detalladas sean las reglas de comportamiento y restricciones en el prompt de sistema, mejor funcionará.

- Usa Prompts de Corrección Amablemente: Si el bot se desvía, corrígelo de forma clara y directa, recordándole su propósito o reglas.

Ejercicio 6.6 ¡Diseña la Personalidad de un Chatbot!:

Elige un propósito simple para un chatbot o asistente virtual (ej: un bot que recomienda películas, un bot que te ayuda a practicar un idioma, un bot que te da datos curiosos sobre animales).

Diseña el prompt de sistema inicial extenso para este chatbot. Incluye:

1. Un Rol y un nombre (si quieres).
2. Al menos 5 Reglas Generales de Comportamiento (qué debe hacer, qué no debe hacer, cómo debe sonar).
3. Cómo debe manejar las preguntas fuera de su

propósito.

4. Cómo debe manejar la falta de información si se le pregunta algo que no sabe (dentro de su propósito).

Este ejercicio es un diseño, no necesitas ejecutarlo si no tienes una plataforma que soporte prompts de sistema.

6.7 Prompting para Marketing (Creación de Contenido Textual)

El marketing digital y la comunicación se basan fuertemente en el texto persuasivo y dirigido. Desde un titular de anuncio pegadizo hasta el cuerpo de un email que convierte, las palabras son clave. La IA Generativa de texto (LLMs) es una herramienta formidable para ayudar a los profesionales del marketing a generar ideas, borradores y variaciones de contenido a gran velocidad.

Prompting para marketing se centra en guiar a la IA para que produzca texto que no solo sea correcto, sino persuasivo, relevante para un público específico y alineado con los objetivos de negocio.

¿Por Qué el Prompting es Vital en Marketing?

El contenido de marketing efectivo es altamente específico. Un prompt vago resultará en texto genérico que no convencerá a nadie. Un prompt bien diseñado, aplicando los principios de Prompt Engineering, permite a la IA generar copy (texto publicitario) que:

- Hable directamente a la audiencia correcta.

- Destaque la propuesta única de valor (USP) del producto o servicio.

- Utilice el tono y estilo de la marca.

- Incluya una llamada a la acción (CTA) clara.

- Se adapte a la plataforma o canal de marketing (social media, email, web).

Principios y Técnicas Clave Aplicados en Marketing:

- **Especificidad**: Define con precisión el producto/servicio, la audiencia (demografía, intereses, puntos de dolor), la USP, el objetivo de la comunicación (vender, informar, generar leads), la CTA deseada.

- **Contexto**: Proporciona información sobre la marca, directrices de voz y tono, detalles específicos de la campaña, datos demográficos de la audiencia.

- **Definición de Salida (¡Crucial!)**: Especifica el tipo de contenido (email, post, titular), la longitud exacta o aproximada, el tono (urgente, divertido, profesional), el estilo (conversacional, formal).

- **Rol**: "Actúa como un copywriter experto", "Eres el community manager de una marca de moda sostenible", "Eres un vendedor que escribe a clientes potenciales".

- **Negative Prompting**: Evita lenguaje de ventas agresivo ("NO uses mayúsculas para gritar"), evita mencionar competidores, evita promesas exageradas ("NO digas 'resultados garantizados'").

- **Few-Shot**: Muestra ejemplos de copy exitoso de tu marca o de la competencia para que la IA imite el estilo y el nivel de persuasión.

Tipos de Contenido de Marketing y Cómo Prompting Ayuda:

- **Titulares de Anuncios:** Necesitan ser cortos, captar la atención y comunicar un beneficio rápido. Pide múltiples variaciones para A/B testing.

  - Prompt: Genera 5 opciones de titulares de anuncio cortos para Facebook (máx 40 caracteres cada uno). Anunciamos una nueva app de meditación que ayuda a reducir el estrés en 5 minutos al día. Audiencia: Profesionales con poco tiempo y mucho estrés. Enfócate en el beneficio rápido.

- **Copy para Redes Sociales:** Requiere tono conversacional, hashtags relevantes, adaptación a cada plataforma (Instagram, X, LinkedIn).
  - **Prompt:** Eres el community manager de una cafetería local. Escribe un post corto para Instagram (con 3 hashtags relevantes) anunciando nuestro nuevo café de origen de Colombia. Destaca su sabor afrutado y acidez brillante. Tono: amigable y entusiasta. Incluye un CTA para que visiten la cafetería.

- **Cuerpo de Emails:** Varían mucho según el objetivo (bienvenida, promoción, newsletter). Requieren estructura clara, tono adecuado y CTA visible.
  - **Prompt:** Actúa como un experto en email marketing para e-commerce. Redacta el cuerpo de un email para anunciar una venta flash de verano (50% descuento en toda la web). Audiencia: Suscriptores existentes. Tono: urgente pero emocionante. CTA: Un solo botón al final que diga "¡Compra Ahora!". Incluye un sentido de urgencia ("solo dura 24 horas").

- **Descripciones de Productos:** Deben ser informativas, destacar beneficios, usar lenguaje que resuene con el comprador ideal y a menudo incluir palabras clave SEO.
  - Prompt: Eres un redactor de e-commerce especializado en productos tecnológicos. Escribe una descripción para una nueva "Smartband Deportiva Ultra". Destaca su batería de 15 días, resistencia al agua 50m y monitor de sueño avanzado. Audiencia: Deportistas y personas activas. Tono: Inspirador y técnico a la vez. Longitud: Un párrafo. Incluye la palabra clave "seguimiento deportivo".

- **Llamadas a la Acción (CTAs):** Pide múltiples opciones para encontrar la más efectiva.
  - Prompt: Dame 10 opciones de llamadas a la acción (CTAs) cortas y directas para un anuncio que vende un curso online sobre fotografía.

Desafíos en Prompting para Marketing:

- Mantener la Voz de Marca Única: Es difícil para la IA capturar la voz de marca exacta sin muchos ejemplos (Few-Shot) o directrices muy detalladas.

- Ser Verdaderamente Persuasivo/Creativo: La persuasión a menudo requiere sutileza, empatía o creatividad emocional profunda que la IA puede no lograr en borradores iniciales. Necesita iteración.

- Adaptación a Micro-Segmentos de Audiencia: Describir una audiencia muy específica y sus motivaciones requiere mucha precisión en el prompt.

- Integración de SEO y Palabras Clave: Asegurar que la IA

integra palabras clave de forma natural y no forzada.

Consejos para Prompting de Marketing:

- Conoce a Tu Audiencia: Describe a quién le hablas en el prompt.

- Define Tu Objetivo: ¿Qué quieres que la gente haga después de leer el texto? Sé claro con la CTA.

- Proporciona Directrices de Marca: Si tienes un manual de voz y tono de marca, resume los puntos clave en el prompt.

- Usa Few-Shot para Voz de Marca: Muestra ejemplos de copy que SÍ representa la voz de tu marca.

- Pide Múltiples Variaciones: Genera varias opciones y elige la mejor, o úsalas para A/B testing.

- Combina Principios: Usa Roles, Contexto, Especificaciones de Salida y Restricciones para crear prompts muy dirigidos.

Ejercicio 6.7 ¡Crea Copy que Convierta!:

Elige un producto o servicio simple que "venderías" (puede ser real o inventado). Define una audiencia específica para ese producto.

1. Escribe un prompt para generar 3 opciones de post corto para LinkedIn anunciando ese producto a esa audiencia. Define un tono profesional pero amigable y una CTA clara.
2. Escribe un prompt diferente para generar 5 opciones de titulares cortos para anuncios de Google Ads para el mismo producto y audiencia. Enfócate en captar la

atención y el beneficio clave.

3. Escribe un prompt para generar un borrador del cuerpo de un email de bienvenida para alguien que se acaba de registrar en tu newsletter (relacionada con el producto). Tono cálido y que invite a explorar.

6.8 Prompting para Creación de Imágenes (Prompts de Texto a Imagen)

Pasamos del texto al mundo visual. Las IAs de texto a imagen (como Midjourney, DALL-E, Stable Diffusion) te permiten crear imágenes increíbles simplemente describiendo lo que quieres ver con palabras. Aunque los modelos subyacentes son diferentes a los LLMs puros, la habilidad de escribir un prompt textual efectivo es la interfaz principal.

Prompting para imágenes se trata de traducir tu visión visual a un lenguaje que la IA entienda para generar la imagen deseada. Requiere ser un buen "descriptor" visual.

¿Por Qué el Prompting es Vital en la Creación de Imágenes?

Una IA de imagen no "imagina" como un humano. Construye la imagen basándose en los patrones visuales asociados a las palabras en tu prompt que aprendió de millones de imágenes.

- Un prompt vago como "un perro" generará una imagen genérica de un perro.

- Un prompt detallado como "un cachorro de golden retriever jugando con una pelota roja en un jardín soleado, fotografía hiperrealista, profundidad de campo baja" generará una imagen mucho más cercana a una visión específica.

Tu prompt es el "guion" para el generador de imágenes.

Cuanto más detallado y preciso sea el guion, mejor será la "película" (imagen) que obtengas.

Principios y Conceptos Clave Aplicados a Imágenes (con enfoque visual):

* **Especificidad (¡CRUCIAL!):** Describe detalladamente el sujeto (qué es, características), la acción (qué está haciendo), el entorno (dónde está, fondo), la iluminación (tipo, dirección, color), el estilo visual (realismo, fantasía, abstracto), el medio artístico (pintura al óleo, acuarela, render 3D).

* **Contexto:** Describir el escenario completo, la atmósfera general, la hora del día, el clima, los elementos de fondo.

* **Definición de Salida (Estilo Visual, Medio, Composición):** En lugar de formato/longitud de texto, defines aspectos visuales clave.
  * *Estilo Visual:* fotografía realista, pintura conceptual, arte digital, estilo anime, dibujo a lápiz.
  * *Medio Artístico:* óleo sobre lienzo, acuarela, render 3D, escultura de mármol.
  * *Iluminación:* luz dorada del atardecer, iluminación cinematográfica dura, luz suave de ventana.
  * *Composición/Encuadre:* primer plano, plano general, vista de dron, retrato, simétrico, angular bajo.

* **Negative Prompting (¡MUY COMÚN y Efectivo!):** Especifica cosas que *no* quieres ver. Esto es vital para eliminar artefactos, elementos no deseados, o guiar mejor el resultado. --no manos deformes, --no borroso, --no marca de agua, --no personas en el fondo. A menudo se usan parámetros específicos del modelo (--no en Midjourney, campo negativo en Stable Diffusion).

- **Palabras Clave y Modificadores**: Usar términos específicos de arte, fotografía, cine o nombres de artistas (si el modelo los ha aprendido) para guiar el estilo o la técnica. fotorrealista, cinemático, octane render, en el estilo de Salvador Dalí, por Greg Rutkowski.

Estructura de Prompts para Imágenes:

Aunque no hay una estructura rígida como en los prompts complejos de LLMs, un orden lógico ayuda a la IA a construir la imagen mentalmente. Un flujo común es:

[Sujeto / Objeto principal] + [Acción / Estado] + [Entorno / Fondo] + [Estilo Visual / Medio] + [Iluminación / Composición] + [Palabras clave/Modificadores] + [Negative Prompts]

Ejemplos Detallados:

- **Prompt Básico vs. Detallado:**

  - **Prompt** Básico: Un dragón.
  - Un enorme dragón rojo con escamas brillantes volando sobre montañas nevadas d**Prompt Detallado:**urante una tormenta eléctrica, estilo de pintura de fantasía épica, iluminación dramática, vista aérea.

- **Con Estilo Artístico Específico:**

  - **Prompt**: Un gato durmiendo en un alféizar soleado, pintura impresionista en el estilo de Monet.

- **Con Iluminación y Atmósfera:**

  - **Prompt**: Una calle de ciudad cyberpunk por la noche,

iluminada por luces de neón, atmósfera lluviosa y melancólica, render 3D.

- **Usando Negative Prompting:**

  ○ **Prompt**: Retrato de una mujer joven, belleza clásica, piel perfecta, cabello suelto, luz de estudio. --no arrugas, --no manchas, --no fondo distracciones.

- **Combinando Múltiples Elementos:**

  ○ **Prompt**: Un astronauta solitario sentado en una roca en un planeta alienígena desértico, mirando dos lunas gigantes en el cielo estrellado. Fotografía de ciencia ficción, gran angular, tonos azules y naranjas, ambiente tranquilo. --no naves espaciales, --no verde.

Desafíos en Prompting para Imágenes:

- Control de Detalles Finos: Es difícil controlar con precisión el número exacto de dedos, la posición exacta de objetos pequeños o el texto legible dentro de la imagen.

- Coherencia de Múltiples Elementos: Asegurar que varios sujetos o elementos interactúan o se relacionan de forma lógica en la imagen puede ser complicado.

- Reproducibilidad: Obtener exactamente la misma imagen con el mismo prompt es casi imposible. Las IAs de imagen son inherentemente variables.

- Bias en los Datos de Entrenamiento: Los modelos pueden reflejar sesgos de los datos con los que fueron entrenados (ej: profesiones asociadas a géneros, estándares de belleza).

Consejos para Prompting de Imágenes:

- ¡Sé Increíblemente Descriptivo! Usa adjetivos, sustantivos y verbos fuertes.

- Especifica el Estilo y el Medio: Si no lo haces, la IA elegirá uno por defecto.

- Define la Iluminación y el Ambiente: Esto impacta enormemente en el *sentimiento* de la imagen.

- Utiliza Negative Prompting: Es esencial para pulir los resultados y evitar problemas comunes.

- Iteración Visual: Genera varias imágenes con el mismo prompt, elige las mejores, o modifica ligeramente el prompt basándote en los resultados que *no* quieres.
- Aprende Palabras Clave del Dominio: Investiga términos de arte, fotografía o 3D que funcionen bien con el modelo que uses.

Ejercicio 6.8 ¡Pinta con Palabras!:

Piensa en una imagen visual que te gustaría crear (no tiene que ser una obra maestra, algo simple como "un perro leyendo un libro").

1. Escribe un prompt muy básico para esa imagen (ej: "Un perro leyendo").
2. Escribe un prompt mucho más detallado para la misma idea, especificando: el tipo de perro, qué tipo de libro, dónde está leyendo (entorno), la hora del día, el tipo de iluminación, el estilo visual (ej: ilustración infantil, pintura clásica, fotografía), y al menos una restricción negativa (ej: --no gafas).
3. (Opcional) Si tienes acceso a un generador de imágenes, prueba ambos prompts y compara los

resultados.

6.9 Prompting para Creación de Video (Prompts de Texto a Video)

La generación de video a partir de texto es una frontera más reciente y compleja de la IA Generativa. Modelos como Sora están demostrando capacidades impresionantes, pero aún es un campo en rápida evolución. La interfaz de prompting es, al igual que en imágenes, principalmente textual.

Prompting para video es como escribir la descripción de una escena de película o un mini-guion, donde no solo describes lo que se ve en un instante, sino también cómo se mueve y cómo cambia a lo largo del tiempo.

¿Por Qué el Prompting es Vital en la Creación de Video?

Un prompt de video debe capturar no solo los elementos estáticos de una escena, sino también la dinámica temporal: el movimiento de los sujetos, el movimiento de la cámara, las interacciones, y la progresión de un evento.

- Un prompt simple como "un coche en una calle" podría generar una imagen de un coche. Para video, necesitas "un coche moviéndose por una calle".

- Para algo más complejo, necesitas describir la acción y cómo se desarrolla.

Tu prompt guía a la IA para que genere no solo fotogramas individuales consistentes, sino una secuencia coherente que represente movimiento y cambio.

Principios y Conceptos Clave Aplicados a Video (con enfoque visual y temporal):

- **Especificidad (¡Doble Crucialidad!):** Debes ser específico no solo sobre los elementos visuales (sujeto, entorno, estilo) como en imágenes, sino también sobre la acción, la trayectoria del movimiento, y cualquier cambio que ocurra en la escena a lo largo del tiempo.

- **Contexto:** Describir el escenario, la hora, el clima, pero también el *estado inicial* y, si es posible, el *estado final* deseado del clip.

- **Definición de Salida (Estilo Visual, Cinematografía, Tipo de Movimiento, Duración):**

  - *Estilo Visual:* Igual que en imágenes (realista, animación 3D, stop-motion).

  - *Cinematografía:* Movimiento de cámara (paneo suave, tilt up, zoom rápido, travelling lateral), tipo de plano (primer plano, plano general, plano secuencia), ángulo de la cámara (vista desde arriba, desde abajo).

  - *Tipo de Movimiento:* Describe la acción explícitamente: caminando lentamente, corriendo a gran velocidad, explosión gradual, transformándose fluidamente.

  - *Duración:* Algunos modelos permiten especificar una duración aproximada del clip (ej: duración 5 segundos).

- **Negative Prompting:** Muy importante para evitar parpadeos, objetos que aparecen/desaparecen, distorsiones, movimientos erráticos o falta de movimiento donde lo esperas.

- **Palabras Clave:** Términos relacionados con cine,

animación y física del movimiento.

Estructura de Prompts para Video:

Aún no hay una estructura tan estandarizada como en otros dominios, pero un buen prompt a menudo incluye:

[Descripción detallada de la Escena/Sujeto] + [Descripción detallada de la Acción y el Movimiento] + [Estilo Visual / Cinematografía] + [Palabras Clave Adicionales] + [Negative Prompts]

Ejemplos Detallados:

- **Movimiento Simple de Sujeto:**
  - **Prompt**: Un perro golden retriever corre felizmente por un parque soleado. Fotografía realista.

- **Movimiento de Cámara:**
  - **Prompt**: Vista de dron volando sobre una densa selva tropical. Movimiento de cámara suave y continuo hacia adelante.

- **Acción y Cambio:**
  - **Prompt**: Una flor se abre rápidamente desde un capullo en primavera, con un timelapse suave. Estilo de documental naturalista.

- **Combinando Escena, Acción y Estilo:**
  - **Prompt**: Un coche deportivo futurista circula a gran velocidad por una autopista desierta durante la noche, iluminación de neón, plano secuencia siguiendo al coche, estilo cyberpunk, render 3D de alta calidad.

- **Con Negative Prompting:**
  - **Prompt**: Una taza de café caliente en una mesa, sale vapor suavemente. Primer plano. --no vibración de la cámara, --no objetos en el fondo.

Desafíos en Prompting para Video:

- Control Preciso del Movimiento: Conseguir un movimiento *exacto* (ej: un objeto cayendo a una velocidad específica) es difícil.

- Consistencia Temporal: Mantener la apariencia de sujetos u objetos idéntica a lo largo del clip es un gran desafío técnico para los modelos.

- Coreografía Compleja: Describir interacciones complejas entre múltiples sujetos o secuencias de acciones detalladas es actualmente muy limitado con un solo prompt.

- Contar Historias: Generar clips que formen una narrativa coherente más allá de una escena corta requiere técnicas más allá del prompting directo (encadenar prompts, edición externa).

- Recursos: La generación de video es muy intensiva y puede ser costosa o lenta.

Consejos para Prompting de Video:

- Enfócate en la Acción Principal: Describe el movimiento central de forma clara.
- Sé Específico sobre Elementos Visuales Clave: Igual que en imágenes, describe sujeto, entorno, estilo.

- Experimenta con Términos Cinematográficos: Añadir especificaciones de cámara o tipo de plano puede tener un gran impacto.

- Usa Negative Prompting para Evitar Problemas de Video: Cosas como parpadeos, inconsistencias o falta de movimiento son comunes.

- Comprende las Limitaciones del Modelo: Algunos modelos son mejores en ciertos tipos de movimiento o estilos que otros. No intentes pedir una película completa con un solo prompt.

- La Iteración es Clave: Modifica tu prompt basándote en los resultados para refinar el movimiento, el estilo o la composición.

Ejercicio 6.9 ¡Da Vida a Tus Palabras!:

Piensa en una acción simple que involucre movimiento (ej: una hoja cayendo de un árbol, una pelota rebotando, una nube moviéndose).

1. Escribe un prompt detallado para generar un clip corto (imagina unos pocos segundos) de esa acción. Especifica el objeto en movimiento, el entorno, el tipo de movimiento (ej: lentamente, rápido, con efecto de viento), el estilo visual (ej: realista, animado), y un detalle de cinematografía (ej: primer plano del objeto, plano general del entorno).
2. Piensa en una acción que implique un cambio de estado o una interacción simple (ej: una semilla germinando, un objeto que se transforma, dos objetos que chocan). Escribe un prompt para generar un clip de ese evento, describiendo el antes y el después si es necesario y especificando el movimiento o transformación clave.

MÓDULO 7: EVALUACIÓN Y REFINAMIENTO DE PROMPTS Y SALIDAS

Has aprendido los principios para construir prompts sólidos (Módulo 2), las técnicas para tareas específicas (Módulo 3), cómo estructurar peticiones complejas (Módulo 4) y cómo abordar dominios concretos (Módulo 6) o usar técnicas avanzadas (Módulo 5). Ahora, ¿cómo sabes si todo eso funcionó?

Este módulo trata sobre cómo evaluar la calidad de la respuesta que te da la IA y, basándote en esa evaluación, cómo refinar tu prompt para la próxima vez. Es el "Observar", "Aprender" y "Ajustar" del ciclo iterativo del que hablamos al principio.

Dominar la evaluación y el refinamiento es lo que te permite pasar de un prompt que "medio funciona" a uno que es verdaderamente efectivo y consistente.

7.1 Por Qué la Evaluación de la Salida de la IA es Necesaria

Podrías pensar que evaluar la respuesta de una IA es tan simple como ver si respondió o no. Pero, como ya has experimentado, no es tan sencillo. Una IA casi siempre responderá *algo*, pero ese *algo* puede ser:

- Incorrecto: Contiene errores factuales.

- Irrelevante: No responde a lo que realmente preguntaste o no cumple el objetivo.

- Incompleto: Le faltan partes importantes de la respuesta o de las instrucciones.

- Mal Formateado: No tiene la estructura (lista, tabla, JSON) que pediste.

- Con Tono/Estilo Incorrecto: Suena demasiado formal cuando querías algo amigable, o aburrido cuando buscabas creatividad.

- Con "Alucinaciones": Inventa información que no estaba en el contexto proporcionado ni en su conocimiento general (esto es un gran desafío con los LLMs).
- Sesgado o Inapropiado: Refleja sesgos de los datos de entrenamiento o genera contenido no deseado.

Evaluar no es solo verificar si la IA "respondió", es verificar si la respuesta cumple con todos los criterios de éxito que tú definiste implícita o explícitamente en tu prompt. Es comparar la realidad (la salida de la IA) con tu expectativa (lo que pediste en el prompt).

La evaluación te da la información necesaria para diagnosticar *por qué* un prompt no funcionó y te indica *qué* necesitas cambiar en la siguiente iteración. Sin una buena evaluación, refinar tu prompt sería adivinar en la oscuridad.

7.2 Métricas Clave para Evaluar la Calidad de la Salida

Para evaluar de forma efectiva, es útil tener en mente diferentes aspectos o "métricas" por las que juzgar la respuesta de la IA.

No necesitas calcular un número exacto para cada una (aunque a veces se puede), sino usarlas como una lista de verificación mental para analizar la respuesta.

Aquí tienes algunas métricas clave basadas en la investigación y la práctica:

- **Precisión (Accuracy)**: ¿La información en la respuesta es correcta? ¿Los hechos son ciertos? ¿El código funciona? ¿La traducción es fiel al original?
  - *Por qué importa:* Fundamental para tareas informativas, técnicas, o de resumen de datos. Una respuesta imprecisa no sirve, por muy bien escrita que esté.

  - *Ejemplo:* Pedir un resumen de un informe financiero. La precisión significa que los números y conclusiones clave sean correctos según el original.

- **Relevancia:** ¿La respuesta aborda la pregunta o tarea que formulaste? ¿Se mantiene enfocada en el tema? ¿Es útil para el propósito que tenías?

  - *Por qué importa:* Una respuesta puede ser precisa pero irrelevante si la IA se desvía del tema o no entiende el *propósito* detrás de tu pregunta.

  - *Ejemplo:* Pedir ideas para una campaña de marketing de café, y que la IA hable de publicidad de coches. La respuesta es información, pero irrelevante para tu necesidad.

- **Coherencia y Fluidez:** ¿El texto generado fluye de manera natural? ¿Las frases están bien construidas? ¿Los párrafos se conectan lógicamente? ¿Es fácil de leer?

- o   *Por qué importa:* Importante para cualquier tarea de generación de texto, especialmente creativa o de redacción. Una respuesta incoherente es difícil de usar.
- o   *Ejemplo:* Un párrafo donde las frases no tienen relación entre sí, o los argumentos saltan de un tema a otro sin transiciones.

- **Consistencia**: Si das el mismo prompt (o prompts muy similares) varias veces, ¿obtienes respuestas parecidas o muy diferentes? En tareas donde la reproducibilidad es clave (ej: extracción de datos), la consistencia es importante.

  - o   *Por qué importa:* Para automatizar tareas o confiar en un prompt para uso repetido.

  - o   *Ejemplo:* Un prompt de extracción de fechas que unas veces da el formato DD/MM/AAAA y otras MM-DD-AAAA es inconsistente.

- **Completitud**: ¿La respuesta incluye toda la información que pediste? ¿Cumple con todas las partes de la instrucción compleja? ¿Incluye los elementos obligatorios que especificaste (restricciones positivas)?

  - o   *Por qué importa:* Si pediste 5 ideas y solo te dio 3, o pediste incluir un CTA y lo olvidó, la respuesta está incompleta.

  - o   *Ejemplo:* Pedir un resumen que incluya causas, consecuencias y soluciones, y que solo mencione causas y consecuencias.

- **Concisión**: ¿La respuesta es tan breve como pediste? ¿Evita la palabrería innecesaria si pediste algo corto?

- *Por qué importa:* Relevante si la longitud era una restricción clave (ej: tweet, titular, resumen ejecutivo).

- *Ejemplo:* Pedir un resumen de 100 palabras y que te dé 300.

- **Adherencia a Estilo y Tono**: ¿La respuesta tiene el estilo y tono (formal, amigable, sarcástico, épico) que especificaste? ¿Se ajusta al rol que asignaste a la IA?

  - *Por qué importa:* Crucial para contenido creativo, marketing, o cualquier texto donde la "voz" es importante.

  - *Ejemplo:* Pedir una respuesta como un "científico serio" y que suene como un comercial entusiasta.

- **Adherencia a Formato:** ¿La respuesta utiliza la estructura exacta que pediste (lista numerada, tabla, JSON, viñetas)?

  - *Por qué importa:* Esencial para tareas de estructuración de datos o cuando necesitas procesar la salida automáticamente.

  - *Ejemplo:* Pedir formato JSON y que te dé una lista de texto plano.

- **Ausencia de Contenido No Deseado:** ¿La respuesta evitó los elementos, temas o lenguaje que especificaste como restricciones negativas?

  - *Por qué importa:* Para control de calidad, seguridad y evitar sesgos o información irrelevante.

  - *Ejemplo:* Pedir una descripción de un producto "sin

mencionar su precio" y que aún así lo mencione.

Al evaluar una respuesta, recorre mentalmente (o con una lista) estas métricas. ¿Cumplió con todas? ¿En cuáles falló? Esto te dará pistas precisas sobre qué necesita tu prompt para mejorar.

Ejercicio 7.2 ¡Conviértete en Crítico/a de IA!:

Elige 2 o 3 respuestas de IA que hayas obtenido recientemente (pueden ser de ejercicios anteriores o de tu uso diario). Para cada respuesta:

1. Revisa el prompt que usaste.
2. Evalúa la respuesta de la IA usando las métricas clave (Precisión, Relevancia, Coherencia, Completitud, Concisión, Estilo/Tono, Formato, Ausencia de No Deseado). Anota en cuáles métricas crees que la respuesta fue buena y en cuáles falló o podría mejorar. Sé específico (ej: "Falla en Completitud: No incluyó el CTA que pedí").

7.3 Métodos de Evaluación Humana

La forma más común y a menudo más fiable de evaluar la salida de la IA es con juicio humano. Al final, eres tú (o la persona para quien es la respuesta) quien decide si la salida es útil y cumple con los criterios, especialmente para métricas subjetivas como el estilo o la relevancia sutil.

- **Evaluación Subjetiva Directa:** Lees la respuesta y simplemente decides si "funciona" para lo que la necesitas. Es rápida pero poco sistemática y difícil de comparar entre diferentes prompts u outputs.

  - *Uso:* Para tareas rápidas, borradores iniciales, o cuando la perfección no es necesaria.

- **Evaluación Basada en Rúbricas o Listas de Verificación:**

Defines una lista de criterios (las métricas del 7.2, por ejemplo) y le das una puntuación o marcas si se cumplen o no. Esto hace la evaluación más estructurada y menos subjetiva, y permite comparar la calidad de diferentes prompts o respuestas de forma más objetiva.

- *Cómo:* Crea una tabla o lista. Columnas: Criterio (ej: Precisión, Formato JSON), Descripción (Qué significa para esta tarea), Puntuación/Cumple (Sí/No, 1-5).

- *Uso:* Ideal para evaluar prompts importantes, comparar el rendimiento de diferentes modelos, o asegurar consistencia si varias personas evalúan outputs.

- *Ejemplo de Fragmento de Rúbrica para Prompt de Extracción JSON:* | Criterio | Descripción | Cumple (Sí/No) | Notas | | :---------------- | :-- | :------------- | :-------------------------------------- | | Precisión Datos | ¿Todos los nombres y edades son correctos? | Sí | | | Formato JSON Válido | ¿La salida es un JSON válido y bien formado? | Sí | Probado con validador online. | | Claves Correctas | ¿Usa exactamente las claves "nombre_completo", "años"? | No | Usó "nombre" y "edad". [Pista para refinar prompt] | | Completitud Datos | ¿Extrajo todos los nombres y edades del texto? | Sí | |

- **A/B Testing (Pruebas A/B):** Comparas dos respuestas generadas por dos prompts *ligeramente diferentes* (o el mismo prompt en dos modelos o con diferentes parámetros) para ver cuál funciona mejor para una tarea o audiencia.

  - *Cómo:* Tomas tu prompt, creas una "Variación

A" (el original o una modificación) y una "Variación B" (una modificación diferente). Generas salidas para ambas. Luego, tú (o un grupo de evaluadores/ usuarios) comparan las salidas directamente para ver cuál prefieren o cuál cumple mejor el objetivo.

o   *Uso:* Para refinar prompts de marketing (qué titular funciona mejor), refinar prompts creativos (qué inicio de historia engancha más), o comparar el rendimiento de modelos.

- **Feedback de Usuario Final:** Si el contenido es para ser usado por otros (ej: un post de blog generado, la respuesta de un chatbot a un cliente), la mejor evaluación es si el usuario final lo encuentra útil, claro o atractivo.

o   *Uso:* Crucial para ajustar prompts de contenido público, respuestas de chatbot, etc.

La evaluación humana, especialmente si es estructurada con rúbricas, te da una comprensión profunda de la calidad de la salida y, lo más importante, *por qué* tiene esa calidad.

Ejercicio 7.3 ¡Evalúa con Ojos de Crítico!:

Elige un prompt tuyo que hayas ejecutado y la respuesta que obtuviste.

1. Diseña una rúbrica simple (una tabla con al menos 4-5 criterios relevantes) específica para esa tarea y prompt. Los criterios deben basarse en las métricas del 7.2 que son importantes para esa respuesta.
2. Evalúa la respuesta de la IA usando tu rúbrica. Anota tu puntuación o si cumple cada criterio.
3. Ahora, modifica *ligeramente* tu prompt original (cambia una frase, añade una palabra clave, ajusta un parámetro si puedes) para crear una "Variación B".

Genera una nueva respuesta.

4. Realiza un mini A/B test subjetivo: compara la respuesta original y la de la Variación B. ¿Cuál prefieres y por qué? ¿Ayudó la modificación?

7.4 Métodos de Evaluación Automatizada

Evaluar manualmente cada respuesta de la IA puede ser lento, especialmente si necesitas probar muchos prompts o generar muchas respuestas. Aquí es donde entran los métodos de evaluación automatizada. Buscan medir aspectos de la calidad de la salida de forma programática o usando la propia IA.

- **Métricas NLP Tradicionales (Brevemente):** Existen métricas de Procesamiento del Lenguaje Natural como BLEU o ROUGE que se usaban para evaluar traducciones o resúmenes comparando la salida generada con una o varias "respuestas de referencia" (la respuesta ideal escrita por humanos).

  o *Cómo funcionan:* Comparan la superposición de palabras o frases cortas (n-gramas) entre el texto generado y el de referencia.

  o *Uso:* Útiles para tareas con una respuesta correcta bien definida y donde tienes respuestas de referencia humanas de alta calidad. Son más objetivas que la evaluación humana pura para estos casos.

  o *Limitaciones:* Requieren tener respuestas de referencia humanas (lo cual es caro y lento de crear). No capturan bien la calidad del lenguaje natural, la coherencia general o la originalidad. Un texto que use sinónimos puede obtener mala puntuación aunque sea bueno. Generalmente, no son las métricas más útiles para Prompt Engineering creativo o de estilo libre.

- **LLM-as-a-Judge (La IA como Juez):** Esta es una técnica avanzada muy potente que usa un LLM (a menudo uno más capaz que el que generó la respuesta) para evaluar la salida de otro LLM. Le presentas al LLM-juez el prompt original, la respuesta generada y una rúbrica o criterios de evaluación detallados en lenguaje natural.

  - *Cómo funciona:* Creas un "prompt de evaluación" para el LLM-juez. Este prompt le dice al LLM-juez que actúe como un evaluador, le presenta la tarea original (prompt) y la respuesta del "estudiante" (la salida del otro LLM), y le pide que puntúe o critique la respuesta basándose en una lista de criterios (las métricas del 7.2, por ejemplo). Puedes pedirle que puntúe en una escala (ej: 1-5) y que justifique su puntuación.

  - *Uso:* Para automatizar la evaluación a gran escala, obtener feedback rápido sobre la calidad, comparar prompts o modelos de forma más sistemática que con la evaluación humana directa. Es especialmente útil cuando no tienes respuestas de referencia humanas.

Ejemplo de Prompt para un LLM-Juez:
Eres un evaluador experto de respuestas de IA. Vas a evaluar si la siguiente respuesta de un modelo de IA cumple con el prompt original, basándote en los criterios que te doy.

--- Prompt Original ---
[Pega aquí el prompt que usaste originalmente]

--- Respuesta del Modelo Evaluado ---
[Pega aquí la respuesta que generó la IA]

--- Criterios de Evaluación ---
1. Precisión: ¿La respuesta es correcta según el prompt y el conocimiento general? (1=Muy Imprecisa, 5=Perfectamente Precisa)
2. Relevancia: ¿La respuesta aborda la tarea principal del prompt? (1=Nada Relevante, 5=Perfectamente Relevante)
3. Adherencia al Formato: ¿Cumple con el formato solicitado (lista, JSON, etc.)? (Sí/No)
4. Completitud: ¿Incluye todos los elementos solicitados en el prompt? (1=Muy Incompleta, 5=Completa)
5. Ausencia de Contenido No Deseado: ¿Evita las restricciones negativas? (Sí/No)

Evalúa la respuesta basándote en estos criterios. Primero, da una puntuación para cada criterio numérico (1-5) o responde Sí/No para los booleanos. Luego, proporciona una breve justificación general de por qué le das esa puntuación o si cumplió/falló en el criterio.

Puntuaciones:
Precisión:
Relevancia:
Adherencia al Formato:
Completitud:
Ausencia de No Deseado:

Justificación General:

> ○ *Limitaciones de LLM-as-a-Judge:* La IA juez puede tener sus propios sesgos o limitaciones. La calidad de la evaluación depende mucho de cuán claros y sin ambigüedades sean los criterios en el prompt de evaluación. Puede ser computacionalmente caro si evalúas muchísimas respuestas.

• Otras Comprobaciones Automatizadas: Para ciertos

criterios, puedes usar código simple o herramientas:

- ○ Validación de Formato: Usar librerías de programación para verificar si la salida es un JSON válido, un XML válido, etc.

- ○ Conteo: Contar palabras, frases, párrafos para verificar la longitud.

- ○ Comprobación de Palabras Clave: Verificar si ciertas palabras o frases están presentes (restricción positiva) o ausentes (restricción negativa).

- ○ Comparación Simple de Texto: Usar métricas de similitud de texto (no tan avanzadas como BLEU/ROUGE) para comparar la salida con un texto esperado (menos útil que LLM-as-a-judge para la mayoría de los casos).

Combinar métodos de evaluación (por ejemplo, usar LLM-as-a-judge para filtrar o puntuar a gran escala y luego revisión humana de las respuestas mejor puntuadas o de los casos más difíciles) es una estrategia potente.

Ejercicio 7.4 ¡Pon a la IA a Evaluar!:

Elige uno de los prompts y la respuesta asociada de un ejercicio anterior (idealmente uno donde la respuesta no fue perfecta). Ahora:

1. Identifica 3-4 criterios clave de las métricas del 7.2 que son importantes para esa respuesta.
2. Diseña un prompt para un LLM-Juez que incluya tu prompt original, la respuesta de la IA, y los criterios que identificaste. Pídele al LLM-Juez que evalúe la respuesta basándose en esos criterios y justifique su

evaluación.

3. Ejecuta este prompt en un LLM potente. Analiza la evaluación del LLM-Juez. ¿Coincide con tu propia evaluación humana? ¿Te dio alguna perspectiva nueva sobre por qué la respuesta original no fue buena?

7.5 El Ciclo de Refinamiento Iterativo en la Práctica

La evaluación te dice *qué* falló. El refinamiento es el paso de "Ajustar" (del Módulo 1) donde usas esa información para modificar tu prompt y *mejorar* la siguiente respuesta. Es un ciclo continuo de mejora.

Los Pasos del Ciclo de Refinamiento:

1. **Intentar**: Ejecutas tu versión actual del prompt.
2. **Observar y Evaluar:** Analizas la respuesta obtenida utilizando las métricas (7.2) y métodos (7.3, 7.4) de evaluación. Identificas exactamente dónde falló (ej: "La respuesta es imprecisa en la sección X", "El formato JSON no es correcto", "El tono es demasiado formal").
3. **Aprender y Diagnosticar:** Piensas *por qué* la IA pudo haber fallado en esos puntos. ¿Fue falta de claridad en la instrucción? ¿Faltó contexto? ¿La especificación de formato fue ambigua? ¿Ignoró una restricción? ¿La tarea era demasiado compleja para esa técnica/estructura?
4. **Ajustar el Prompt:** Modificas el prompt basándote en tu diagnóstico. Intenta cambiar una cosa a la vez (si es posible) para entender el impacto de cada ajuste.

- *Si falló la Precisión/Relevancia:* Revisa la Especificidad de la instrucción, añade más Contexto, o prueba CoT (M5) si requiere razonamiento.

- *Si falló el Formato/Estilo/Tono:* Revisa la Definición de

Salida, ajusta o añade el Rol, considera usar Few-Shot (M3) para mostrar el formato/estilo.

○ *Si falló la Completitud:* Revisa si la instrucción está clara, si los elementos obligatorios están bien definidos (Restricción Positiva), si el prompt no es demasiado largo para la ventana de contexto.

○ *Si incluyó Contenido No Deseado:* Añade o refuerza las Restricciones Negativas (M3).

○ *Si es una Tarea Compleja:* Revisa la Estructura (M4), considera desglosar en pasos o usar técnicas avanzadas como CoT (M5).

5. **Repetir**: Vuelves al paso 1 con tu prompt modificado.

Este ciclo se repite hasta que la respuesta cumple con tus criterios de éxito o decides que has llegado al límite de lo que el modelo puede hacer con esa tarea o con prompting.

Ejemplo Extendido de Refinamiento Iterativo:

Imagina que quieres que la IA te dé ideas para un blog sobre vida saludable, pero quieres que sean ideas muy específicas y enfocadas en la nutrición basada en plantas.

- Iteración 1:

  ○ Prompt: Ideas para blog sobre vida saludable.

  ○ Evaluación: Ideas muy generales (ej: "hacer ejercicio", "dormir bien"). Falta de Relevancia para el enfoque "nutrición basada en plantas".

  ○ Diagnóstico: El prompt es demasiado vago. No especifica el enfoque ni el tema exacto.

  ○ Ajuste: Añadir Especificidad.

- Prompt (Iteración 2): Ideas para blog sobre nutrición basada en plantas.

- Iteración 2:

  - Prompt: Ideas para blog sobre nutrición basada en plantas.
  - Evaluación: Ideas mejores, pero aún un poco genéricas (ej: "recetas veganas", "beneficios de las verduras"). Quiero que sean ideas más creativas, quizás enfocadas en desmentir mitos o en ciencia. Falta de Estilo/Tono (quiero algo más "experto") y de Enfoque específico.

  - Diagnóstico: Necesito un rol para darle autoridad y un enfoque más claro.

  - Ajuste: Añadir Rol y Especificidad de Enfoque.

  - Prompt (Iteración 3): Eres un nutricionista experto en dietas basadas en plantas. Dame 5 ideas originales para posts de blog que desmientan mitos comunes o exploren la ciencia detrás de la nutrición basada en plantas.

- Iteración 3:

  - Prompt: Eres un nutricionista experto en dietas basadas en plantas. Dame 5 ideas originales para posts de blog que desmientan mitos comunes o exploren la ciencia detrás de la nutrición basada en plantas.

  - Evaluación: Las ideas son buenas y relevantes. El tono es adecuado. Pero no son "originales" del todo, algunas ideas son bastante comunes. Falta de Originalidad/

Creatividad (métrica subjetiva pero importante aquí).

○ Diagnóstico: Pedir "originales" no es suficiente. Quizás necesite más indicaciones sobre qué tipo de originalidad busco o añadir una restricción negativa sobre ideas comunes.

○ Ajuste: Añadir Restricción Negativa para evitar ideas obvias.

○ Prompt (Iteración 4): Eres un nutricionista experto en dietas basadas en plantas. Dame 5 ideas ORIGINALES para posts de blog que desmientan mitos comunes o exploren la ciencia detrás de la nutrición basada en plantas. EVITA ideas obvias como "Beneficios de comer brócoli" o "Recetas veganas fáciles".

Y el ciclo podría continuar si las ideas de la Iteración 4 aún no son lo suficientemente originales o si surge otro problema. Este ejemplo muestra cómo la evaluación (incluso la subjetiva) informa directamente los ajustes en el prompt.

La importancia de cambiar una cosa a la vez: Al modificar tu prompt, intenta (si es posible) cambiar solo un elemento principal (ej: solo añadir contexto, solo hacer una instrucción más específica, solo añadir un rol). Esto te ayuda a aislar qué ajuste tuvo qué impacto en la respuesta. Si cambias 5 cosas a la vez, y la respuesta mejora, no sabrás cuál de los 5 cambios fue efectivo.

Ejercicio 7.5 ¡Conviértete en un Refinador Experto!:

Elige un prompt de un ejercicio anterior (o crea uno nuevo) cuya respuesta no haya sido perfecta (identifica previamente por qué no fue perfecta usando las métricas del 7.2).

1. Escribe el prompt inicial.
2. Describe la respuesta obtenida y la evaluación (qué

falló).

3. Describe el diagnóstico (por qué crees que falló el prompt inicial).

4. Escribe el prompt modificado (Iteración 2) aplicando un ajuste basado en tu diagnóstico (intenta cambiar solo una cosa o un conjunto relacionado).

5. (Opcional) Si puedes ejecutarlo, describe la respuesta de la Iteración 2 y evalúala de nuevo. ¿Mejoró? ¿Surgió un nuevo problema? Describe el diagnóstico y cómo harías el siguiente ajuste (Iteración 3).

Repite el ciclo por al menos 2 o 3 iteraciones en papel o con la IA si es posible.

MÓDULO 8: CONSIDERACIONES ÉTICAS Y LIMITACIONES

Hasta ahora, nos hemos centrado en cómo hacer que la IA haga lo que quieres. Hemos aprendido a darle instrucciones claras, a usar técnicas específicas y a estructurar prompts complejos para obtener resultados asombrosos.

Pero usar la Inteligencia Artificial de forma efectiva también significa usarla de forma responsable. Las IAs generativas, a pesar de su poder, tienen limitaciones importantes y pueden generar contenido que sea sesgado, engañoso o incluso perjudicial. Como Prompt Engineers, tenemos un papel crucial en minimizar estos riesgos a través de cómo diseñamos nuestras instrucciones.

Este módulo te ayudará a entender los desafíos éticos y las limitaciones clave de los LLMs para que puedas usar estas herramientas de manera segura y responsable.

8.1 Sesgos en la IA: ¿Qué Son y Cómo Influyen Tus Prompts?

Las IAs generativas aprenden de los datos con los que son entrenadas. Si esos datos contienen sesgos (prejuicios, estereotipos, desigualdades que existen en el mundo real), la IA a menudo reflejará y perpetuará esos mismos sesgos en las respuestas que genera.

Piensa que la IA es como un espejo de una biblioteca gigantesca (sus datos de entrenamiento). Si en la biblioteca hay muchos libros que muestran estereotipos, el espejo reflejará esos estereotipos.

¿Cómo se Manifiestan los Sesgos en las Respuestas de los LLMs?

- **Estereotipos de Género:** Asociar ciertas profesiones solo a hombres o mujeres, usar pronombres de forma sesgada, describir personalidades según estereotipos de género.

  - *Ejemplo:* Pedirle a la IA que "escriba una historia sobre un ingeniero y una enfermera", y que por defecto haga al ingeniero hombre y a la enfermera mujer, incluso sin especificar el género en el prompt.

- **Estereotipos Raciales o Culturales:** Asociar ciertas características, trabajos o comportamientos a grupos raciales o culturales específicos.
  - *Ejemplo:* Pedirle ideas para nombres de personajes y que, si pides un médico, te dé nombres predominantemente masculinos y caucásicos, o si pides un trabajador de la construcción, te dé nombres predominantemente masculinos y de ciertos orígenes.

- **Sesgos Profesionales:** Asociar características físicas o de personalidad a ciertas profesiones (ej. un "científico" es siempre un hombre mayor con gafas).

- **Sesgos de Belleza o Apariencia:** Favorecer ciertos estándares de belleza o apariencia física en descripciones o generaciones de imágenes/video.

- **Sesgos de Opinión:** Aunque se intenta que sean neutrales, a veces pueden reflejar opiniones o puntos de vista que predominaban en sus datos de entrenamiento sobre temas controvertidos.

Tu Papel como Prompt Engineer: Triggering vs. Mitigating Bias

Tus prompts tienen un impacto directo en si la IA genera contenido sesgado o no.

- **Desencadenando (Triggering) Sesgos:**

  o Prompts Vagos: Si pides algo de forma vaga (ej: "describe una persona exitosa"), la IA puede rellenar los huecos con los estereotipos más comunes en sus datos.

  o Prompts Sesgados Explícitamente: Si incluyes lenguaje sesgado en tu prompt (ej: "escribe sobre una secretaria, hazla tonta"), la IA probablemente cumplirá la instrucción sesgada.

  o Pedir Estereotipos: Si pides específicamente contenido que refuerza estereotipos (ej: "escribe un chiste sobre [grupo minoritario]"), estás pidiendo contenido problemático.

- **Mitigando Sesgos:**

  o Sé Específico y Neutral: Define características concretas en lugar de dejar que la IA rellene con estereotipos (ej: en lugar de "escribe sobre un científico", pide "escribe sobre una científica joven y afroamericana trabajando en un laboratorio").

o   Pide Diversidad Explícitamente: Si pides una lista o grupo de personas, pide que sean diversas (ej: "nombra 5 líderes tecnológicos, asegúrate de incluir hombres y mujeres de diferentes orígenes").

o   Usa Negative Prompting: Pídele a la IA que *evite* estereotipos o lenguaje sesgado (ej: "describe una enfermera, EVITA estereotipos de género", o una instrucción general en prompts de sistema: "EVITA perpetuar estereotipos de género, raza o profesión en tus respuestas").

o   Evalúa Críticamente la Salida: Revisa activamente la respuesta para identificar posibles sesgos (Módulo 7). Si detectas sesgos, refina tu prompt para corregirlos.

o   Pide a la IA que Cuestione tu Prompt (Meta-Prompting): A veces, puedes preguntar a la IA si tu propio prompt podría ser interpretado como sesgado o si podría llevar a una respuesta sesgada.

Ejemplos (Cuidado: muestran sesgos para ilustrar el punto):

- Prompt que Puede Desencadenar Sesgo: Describe a un CEO.

  o   *Respuesta Común (Sesgada):* Descripción de un hombre blanco, mayor, en traje.

- Prompt que Mitiga Sesgo: Describe a un CEO. Incluye detalles que desafíen los estereotipos comunes. Puede ser de cualquier género, edad o origen étnico.

  o   *Respuesta Común (Menos Sesgada):* Una descripción más variada o menos estereotípica.

Tu responsabilidad es ser consciente de que el sesgo existe en la IA y usar tus habilidades de Prompt Engineering para reducirlo y no contribuir a él.

Ejercicio 8.1 ¡Identifica y Desafía el Sesgo!:

1. Piensa en un tipo de estereotipo común (ej: profesiones asociadas a género, hobbies asociados a edad, características asociadas a una nacionalidad). Escribe un prompt que, de forma vaga o con lenguaje no neutral, *podría* llevar a la IA a mostrar ese estereotipo.
2. Ahora, escribe una segunda versión del mismo prompt que use especificidad, restricciones negativas o una solicitud explícita de diversidad para mitigar ese sesgo.
3. (Opcional) Si lo ejecutas, compara las respuestas para ver cómo el prompt modificado reduce el sesgo.

8.2 Generando Contenido Engañoso o Perjudicial

Las IAs generativas son máquinas de generar texto fluido y convincente. Esta capacidad, mal utilizada, puede ser peligrosa. Las IAs pueden generar:

- Desinformación / Noticias Falsas: Crear historias, hechos o narrativas que parecen reales pero son completamente inventadas.

- Contenido Engañoso: Generar texto que, sin ser totalmente falso, induce a error u omite información crucial.

- Discurso de Odio / Contenido Tóxico: Generar lenguaje que ataca, insulta o discrimina a individuos o grupos.

- Instrucciones Peligrosas o Ilegales: Generar "tutoriales" para actividades dañinas, ilegales o peligrosas.

- Contenido Inapropiado: Generar contenido sexualmente explícito, violento extremo, etc., fuera de contextos controlados o consensuados.

¿Cómo influyen tus prompts en esto?

Lamentablemente, los prompts pueden ser utilizados intencionadamente para pedir a la IA que genere este tipo de contenido. Esto es un uso malicioso y no ético de la herramienta.

- Prompts Maliciosos Explícitos: Pedir directamente a la IA que escriba un discurso de odio contra un grupo, que invente "noticias" sobre alguien, o que dé instrucciones para una actividad ilegal.

Las empresas que desarrollan IAs implementan filtros de seguridad para intentar bloquear este tipo de prompts y respuestas. Sin embargo, estos filtros no son perfectos y, a veces, un prompt puede "sortearlos" o la IA puede generar contenido problemático de forma no intencionada si el prompt es ambiguo.

Tu responsabilidad ética es ineludible:

- NO Uses la IA para Fines Maliciosos: La regla ética fundamental es clara: nunca uses tus habilidades de Prompt Engineering para generar contenido que sabes que es falso, dañino, ilegal o diseñado para engañar o perjudicar a otros.

- Sé un Guardián: Si accidentalmente un prompt vago genera algo problemático (ej: una "alucinación" que suena plausible pero es falsa, un sesgo inesperado), tu responsabilidad es identificarlo y no difundirlo.

- Piensa en las Consecuencias: Antes de usar un prompt o publicar la salida, piensa en el posible impacto negativo que podría tener.

Ejemplo (Ilustrativo del Riesgo, NO para Replicar Contenido Dañino):

Imagina que un prompt malicioso busca crear una noticia falsa sobre una empresa:

- Prompt (Potencialmente Malicioso): Escribe una noticia corta sobre la empresa [Nombre de Empresa Famosa] anunciando que han declarado la bancarrota. Haz que suene creíble y cita una fuente inventada.
  - *Riesgo:* Si los filtros fallan, la IA podría generar un texto que parece una noticia real, causando pánico o daño financiero si se difunde.

  - *Comportamiento Ético:* Nunca escribir un prompt así. Si ves que la IA genera "alucinaciones" (datos o hechos falsos), sé extremadamente cuidadoso al verificar y no uses esa información.

Tu habilidad de Prompt Engineering te da el poder de generar una gran cantidad de información rápidamente. Úsalo para construir, no para destruir o engañar.

Ejercicio 8.2 ¡Evalúa el Potencial de Riesgo!:

Piensa en 3 tipos de contenido perjudicial o engañoso que una IA podría generar (ej: noticia falsa sobre una celebridad, instrucciones para hacer algo peligroso, un email de phishing). Para cada tipo:

1. Describe (no escribas el prompt real si es perjudicial, solo descríbelo) qué tipo de prompt *podría* usar alguien con malas intenciones para intentar generar ese contenido.

2. Describe qué filtros de seguridad crees que la IA intentaría aplicar.

3. Reflexiona sobre por qué, incluso con filtros, es vital la responsabilidad del usuario.

8.3 Comprendiendo las Limitaciones Clave de los LLMs (Más Allá de la Ventana de Contexto)

Además del riesgo de sesgos y contenido dañino (a menudo relacionados con las limitaciones), es fundamental entender otras debilidades inherentes de los LLMs para usarlos correctamente y de forma ética.

- Alucinaciones: Ya las mencionamos, pero son la limitación más frustrante y potencialmente peligrosa. Es la tendencia de la IA a generar información que parece convincente y coherente, pero es completamente inventada o incorrecta. Esto ocurre a menudo cuando la IA no tiene suficiente información relevante o cuando se le hacen preguntas capciosas.

  - *Implicación Ética:* Si usas información alucinada sin verificar, puedes difundir desinformación sin querer.

  - *Cómo Mitigarlas (con Prompting y Técnicas):*
    - Sé Específico y Contextualiza Bien: Reduce la necesidad de que la IA "rellene huecos".

    - Pide Fuentes: Si usas RAG (Módulo 6.5), pídele a la IA que cite de dónde sacó la información. Si no usa RAG, pídele "Basado en tu conocimiento, ¿cuál es la respuesta? ¿En qué te basas?" (aunque la base que dé podría ser inventada también).

    - Usa Patrones Fundamentados: El Patrón Pregunta-Respuesta Fundamentada (Módulo 5.5) es clave para evitar alucinaciones, forzando a la IA a usar *solo* un texto dado.

- Verifica Externamente (Crucial): La forma más segura es no confiar en la IA para hechos críticos y verificarlos en fuentes fiables.

- Conocimiento Desactualizado (Cutoff): Los LLMs son entrenados hasta una fecha determinada (su "conocimiento cutoff"). No tienen acceso a información en tiempo real a menos que estén conectados a herramientas de búsqueda (ReAct, Módulo 5.3) o sistemas RAG (Módulo 6.5).
  - *Implicación Ética:* La IA puede darte información obsoleta como si fuera correcta sobre eventos recientes, avances científicos, cambios de precios, etc.

  - *Cómo Manejarlo:*

    - Sé consciente del cutoff de tu modelo.
    - Para información actual, usa modelos con acceso a la web o sistemas RAG.
    - En tu prompt, especifica si necesitas información *actual* o de *una fecha específica*.
    - Verifica información sensible sobre eventos recientes.

- Falta de Comprensión Profunda o Sentido Común Real: Los LLMs son modelos estadísticos de lenguaje. Son increíblemente buenos prediciendo la siguiente palabra, pero no "entienden" el mundo, la causalidad profunda o las implicaciones sutiles como un humano.
  - *Implicación Ética:* Sobre-confiar en la IA para juicios complejos, consejos personales (médicos, legales, financieros), o toma de decisiones críticas puede ser peligroso. No tienen conciencia, empatía o

experiencias vividas.

- *Cómo Manejarlo:*

    - No Trates a la IA como Humana: No le confíes tareas que requieren verdadero juicio humano, empatía o toma de decisiones con implicaciones éticas o personales profundas.

    - Usa CoT (M5) para Simular Razonamiento: Aunque no es razonamiento humano, ayuda a estructurar un proceso lógico.

    - Pide Múltiples Perspectivas (Si el Modelo lo Permite): Para temas complejos, pide diferentes puntos de vista, pero sé crítico con todos.

- Inconsistencia en Respuestas Subjetivas: Para preguntas abiertas o creativas, la respuesta puede variar mucho entre diferentes ejecuciones del mismo prompt.

    - *Implicación:* Necesitas evaluar múltiples resultados y refinar el prompt o la técnica (Few-Shot, M3) para obtener la consistencia deseada.

Comprender estas limitaciones es el primer paso para ser un Prompt Engineer responsable. Te ayuda a saber cuándo confiar en la IA, cuándo verificar y cuándo es mejor no usarla en absoluto para una tarea.

Ejercicio 8.3 ¡Detecta las Debilidades de la IA!:

1. Piensa en una pregunta que la IA probablemente no

pueda responder con certeza debido a su conocimiento desactualizado (ej: "¿Quién ganó el último campeonato mundial de [deporte que terminó hace poco]?" o "¿Cuál es el precio actual de [acción en bolsa]?"). Formula el prompt y ejecútalo (si el modelo no tiene acceso a web). Observa si la IA admite que no sabe, alucina o da información antigua.

2. Piensa en una pregunta que podría llevar a la IA a alucinar si no tiene el contexto exacto (ej: "Basándome en la información sobre [una empresa ficticia o muy poco conocida], ¿cuándo fundaron su sede en Londres?"). Formula el prompt (sin darle info sobre Londres) y observa la respuesta.

3. Piensa en una tarea que requiera juicio humano o sentido común más allá de la lógica (ej: "¿Debería aceptar este trabajo?", "¿Qué regalo le hago a mi madre por su cumpleaños?"). Formula el prompt. Observa cómo la IA responde (probablemente de forma genérica o enumerando pros/contras sin dar un consejo directo), y reflexiona sobre por qué no puede dar una respuesta realmente útil.

8.4 Diseñando Prompts de Forma Responsable y Ética

Ser un Prompt Engineer experto no es solo conseguir la mejor salida, es conseguirla de forma que no cause daño, no difunda desinformación y respete principios éticos. Aquí tienes un resumen de cómo aplicar lo aprendido para ser un usuario responsable:

1. Intención Ética Ante Todo: Antes de escribir cualquier prompt, pregúntate: ¿El propósito de este prompt es bueno? ¿Podría ser mal utilizado? Si la respuesta te incomoda, no lo hagas. Nunca pidas contenido dañino,

ilegal, sesgado o diseñado para engañar.

2. Sé Consciente del Sesgo Potencial: Asume que la IA *puede* generar contenido sesgado.

o   Revisa tus Prompts: ¿Hay algo en cómo pides las cosas que podría inclinar la respuesta hacia un estereotipo?

o   Revisa las Salidas: Evalúa activamente tus resultados para detectar sesgos (Módulo 7).

o   Usa Prompts Anti-Sesgo: Incorpora solicitudes de diversidad o restricciones negativas (EVITA estereotipos) en tus prompts, especialmente para temas sensibles (personas, grupos, profesiones).

3. Combate la Desinformación y las Alucinaciones:

o   No Confíes Ciegamente: Siempre verifica los hechos clave, números, fechas o cualquier información importante que obtengas de la IA en fuentes fiables, especialmente si la usas para decisiones importantes o si la información es sensible o reciente.

o   Usa RAG o Contexto Fundamentado: Si la precisión factual es vital, proporciona el texto de referencia y fuerza a la IA a basarse *solo* en él (Patrón Fundamentado, M5.5; Prompting RAG, M6.5).

o   Enseña a la IA a Decir "No Sé": Incluye instrucciones en tus prompts (especialmente en prompts extensos/de sistema) para que la IA admita cuando no tiene suficiente información en lugar de alucinar una respuesta.

4. Sé Transparente Cuando sea Necesario: Si el contenido fue generado predominantemente por IA (ej: un artículo de blog, una imagen pública, una respuesta

de soporte), considera revelar que fue asistido por IA, especialmente si el origen de la información o la autoría son relevantes para la confianza o la credibilidad. No es necesario para un brainstorming personal, pero sí para contenido público o profesional.

5. Considera el Impacto en Otros: Piensa cómo la respuesta de la IA (influenciada por tu prompt) podría afectar a las personas que la reciban o lean. ¿Podría ser malinterpretada? ¿Podría ofender?

6. Sé un Usuario Crítico y Educado: Continúa aprendiendo sobre las capacidades y limitaciones de la IA. No la antropomorfices (no asumas que tiene sentimientos, conciencia o comprensión real). Entiende que es una herramienta, no un oráculo.

Un Prompt Engineer experto no solo optimiza la salida, sino que también se asegura de que esa salida sea ética, fiable (dentro de las limitaciones del modelo) y utilizada de forma responsable. Tu habilidad para diseñar prompts te da control; usa ese control de forma sabia.

Ejercicio 8.4 (¡Sé un Prompt Engineer Responsable!):

1. Elige un tema que tenga potencial de sesgo (ej: describir roles en el hogar, pasatiempos por género o edad, características de diferentes países). Escribe un prompt y la respuesta de la IA (puedes ejecutarlo si quieres) que intencionalmente contenga sesgos obvios para ilustrar el punto. Importante: Solo para tu uso educativo, no lo compartas ni lo uses de forma que perpetúe el sesgo.

2. Basándote en el ejemplo anterior, escribe una versión responsable de ese prompt, utilizando las técnicas para mitigar sesgos (especificidad, negación, solicitud de diversidad).

3. Reflexiona por escrito (para ti) sobre un escenario

hipotético donde un prompt malicioso podría causar daño. Describe qué medidas éticas (no escribirlo, verificar la salida, no difundir) y técnicas (filtros, restricciones negativas si aplicaran) serían necesarias para contrarrestarlo.

MÓDULO 9: HERRAMIENTAS Y RECURSOS ADICIONALES

¡Felicidades! Has llegado al final de los módulos principales de esta guía. Has pasado de entender qué es el Prompt Engineering a dominar sus principios, técnicas esenciales y avanzadas, cómo estructurar prompts complejos, aplicarlos en diversos dominios y evaluar y refinar tus resultados.

Ahora, ¿dónde llevas todas estas habilidades? ¿Qué herramientas te pueden ayudar? ¿Cómo sigues aprendiendo? Este módulo es tu puente de la teoría a la práctica continua y al aprendizaje de por vida en el emocionante mundo de la IA Generativa.

9.1 Plataformas y Entornos de Trabajo: Dónde Practicar Prompting

Tu prompt no vive en el vacío; necesita un lugar donde ser ejecutado, un modelo de IA con el que interactuar. Existen diversas plataformas y entornos, cada uno con sus ventajas para diferentes propósitos.

- **Chatbots Públicos (Ej: ChatGPT, Gemini, Claude, etc.):**

o   Qué Son: Son las interfaces más conocidas y accesibles. Entras a una web o app y chateas directamente con la IA.

o   Ventajas: Muy fáciles de usar, ideales para práctica general, brainstorming rápido, obtener borradores iniciales, tareas creativas o de redacción sencillas. Permiten conversaciones multi-turno de forma natural (aunque recuerda la ventana de contexto).

o   Desventajas: Menos control sobre parámetros del modelo, la interfaz de chat no es ideal para prompts muy largos o estructurados con delimitadores complejos (aunque suelen soportarlos), menos funcionalidades de prueba y comparación.

o   Cuándo Usarlos: Para aprender los principios básicos, probar ideas rápidas, tareas de escritura general, obtener ayuda instantánea. Son tu "cuaderno de bocetos" de prompting.

o   *Ejemplo:* Usar la interfaz web de ChatGPT para pedirle ideas para un tweet o escribir el borrador de un email simple.

- **Plataformas de Modelos Específicas** (Ej: OpenAI Playground, Google AI Studio, Hugging Face Inference API):

o   Qué Son: Entornos proporcionados por los desarrolladores de modelos o plataformas que agrupan varios modelos. Ofrecen una interfaz más técnica donde puedes interactuar con la IA, pero también ajustar parámetros como la "temperatura" (que controla la aleatoriedad/ creatividad), "top-p", longitud máxima, etc.

o   Ventajas: Mayor control sobre el comportamiento del modelo ajustando parámetros. Permiten probar diferentes modelos con el mismo prompt. A menudo tienen opciones para comparar respuestas lado a lado. Más fáciles para pegar prompts largos y estructurados.

o   Desventajas: Pueden requerir una cuenta (a veces de pago por uso) y son un poco menos intuitivas para principiantes puros que un simple chat.

o   Cuándo Usarlas: Para experimentar sistemáticamente cómo los parámetros afectan la salida, comparar el rendimiento de diferentes modelos con tus prompts, practicar prompts estructurados complejos, o cuando necesitas más control sobre la generación. Son tu "laboratorio" de prompting.

o   *Ejemplo:* Usar Google AI Studio para probar el mismo prompt creativo con un ajuste de "temperatura" alto y bajo para ver la diferencia en originalidad. O usar OpenAI Playground para ver cómo responde GPT-4 vs GPT-3.5 al mismo prompt de resumen estructurado.

• **Herramientas con Enfoque en Prompting** (Ej: Prompt Management Platforms):

o   Qué Son: Plataformas diseñadas específicamente para ayudar a los Prompt Engineers a organizar, guardar, testear, versionar y comparar sus prompts. Algunas están más orientadas a equipos o empresas.

o   Ventajas: Ideales para gestionar un gran número de prompts, colaborar con otros, realizar pruebas A/B de prompts de forma sistemática a gran escala (Módulo 7), controlar versiones de prompts, o integrar prompts en aplicaciones.

o Desventajas: Suelen ser herramientas más especializadas, a menudo de pago, y orientadas a un flujo de trabajo de desarrollo o equipo.

o Cuándo Usarlas: Cuando la gestión de prompts se vuelve compleja, trabajas en equipo, o necesitas integrar prompts optimizados en productos de software y necesitas un control robusto de su rendimiento. Son tu "base de datos y centro de pruebas" de prompts.

o *Ejemplo:* Usar una plataforma de gestión de prompts para guardar todas las variaciones de prompts de marketing probadas y trackear cuál tuvo mejor rendimiento en pruebas A/B.

- **Entornos de Desarrollo** (APIs y SDKs):

o Qué Son: La forma en que los desarrolladores integran los LLMs directamente en software. En lugar de un chat, envían prompts y reciben respuestas a través de código de programación usando APIs (Interfaces de Programación de Aplicaciones) y SDKs (Kits de Desarrollo de Software).

o Ventajas: Permite crear aplicaciones que usan IA, automatizar flujos de trabajo (como ReAct), conectar la IA con otras herramientas y datos, y tener control total sobre el proceso.

o Desventajas: Requiere conocimientos de programación.

o Cuándo Usarlos: Cuando quieres ir más allá de la interacción manual y construir productos o automatizaciones que aprovechan la IA. Es donde el Prompt Engineering se vuelve parte del desarrollo de software. Son tu "taller de fabricación" de soluciones con IA.

○ *Ejemplo:* Un programador usa la API de Gemini para enviar un prompt desde su código que resume artículos automáticamente para una aplicación de noticias.

Ejercicio 9.1 ¡Explora Tu Laboratorio de Prompting!:

1. Si no lo has hecho ya, registra una cuenta gratuita en la plataforma de algún modelo popular (Ej: Google AI Studio, OpenAI Playground, o si usas un modelo específico, su interfaz de pruebas). Explora la interfaz. ¿Dónde pegas el prompt? ¿Dónde ves la respuesta? ¿Puedes encontrar parámetros como "temperatura"?

2. Ejecuta en esa plataforma un prompt que ya hayas probado en un chatbot público (ej: el prompt del ejercicio 1.5, el del 2.1, o el 3.1). ¿Notas alguna diferencia sutil en la respuesta o el formato?

3. Investiga si existe alguna herramienta de gestión de prompts (busca en Google "prompt management tools" o "prompt testing platforms"). No necesitas registrarte, solo lee sobre sus funcionalidades. ¿Para qué tipo de tareas avanzadas serían útiles según lo que has aprendido en los Módulos 4, 5 y 7?

9.2 Herramientas Específicas para Optimización y Evaluación (Aplicando Módulo 7)

Vimos en el Módulo 7 que evaluar y refinar es clave. Existen herramientas (algunas integradas en las plataformas, otras independientes) que te ayudan con partes específicas de este proceso:

- **Validadores de Formato:**

  - Qué Son: Herramientas online o librerías de código que verifican si un texto tiene un formato específico (JSON, XML, CSV válido).

  - Uso en Prompting: Después de pedirle a la IA que genere una salida en un formato estructurado (ej: JSON, Módulo 6.4), puedes pegar la salida en un validador para verificar si es correcta y si el prompt funcionó como esperabas. Es una evaluación automatizada simple pero muy útil.

  - *Ejemplo:* Usar una web como jsonlint.com para verificar el JSON generado por la IA.

- **Plataformas de Pruebas A/B y Comparación:**

  - Qué Son: Software que te permite ejecutar el mismo prompt (o variantes) múltiples veces, quizás con diferentes modelos o parámetros, recoger todas las respuestas y compararlas sistemáticamente (a veces incluso con evaluación humana o métricas automatizadas integradas).

  - Uso en Prompting: Crucial para el refinamiento iterativo serio (Módulo 7.5) y para optimizar prompts críticos. Te permite demostrar objetivamente que el "Prompt Versión B" es mejor que el "Prompt Versión A" para una tarea específica.

  - *Ejemplo:* Ejecutar 100 veces el prompt de marketing "Variación A" y 100 veces el "Prompt Variación B" y usar la plataforma para ver cuál genera más respuestas con un CTA claro, o cuál obtiene mejor puntuación en una rúbrica de relevancia.

- **Librerías de Prompting Programático con Funciones de Optimización** (Ej: LangChain, DSPy):

  - Qué Son: Marcos de trabajo para desarrolladores que facilitan la construcción de aplicaciones complejas con LLMs. Incluyen funcionalidades para encadenar prompts, integrar herramientas (ReAct, Módulo 5.3), gestionar la memoria conversacional y, a veces, rutinas para optimizar automáticamente prompts o los pasos de razonamiento de la IA (relacionado con Meta-Prompting, Módulo 5.4, pero de forma programática). DSPy, por ejemplo, se enfoca en "programar" la IA optimizando sus prompts internos.
  - Uso en Prompting Avanzado: Si eres programador, estas librerías te permiten ir más allá de la escritura manual de prompts y crear sistemas donde los prompts se generan, ejecutan y optimizan de forma dinámica.
  - *Ejemplo:* Un desarrollador usa DSPy para definir una tarea compleja y deja que la librería, usando Meta-Prompting y evaluación interna, encuentre automáticamente la mejor secuencia de prompts o el mejor prompt único para resolverla de forma consistente.

- **Métricas de Evaluación Automatizada** (Integradas o con Librerías):

  - Qué Son: Implementaciones de métricas como BLEU, ROUGE, o herramientas que permiten configurar la evaluación "LLM-as-a-Judge" (Módulo 7.4) a gran escala.

○ Uso en Prompting Avanzado: Permiten medir la calidad de la salida de forma más objetiva y a gran escala que la evaluación humana individual, lo cual es necesario al probar muchas variaciones de prompt o modelos.

Estas herramientas son tus aliadas para llevar tu Prompt Engineering de la experimentación manual a un proceso más riguroso y escalable, especialmente si planeas usar LLMs en aplicaciones o flujos de trabajo más complejos.

Ejercicio 9.2 ¡Explora las Herramientas de Control de Calidad!:

1. Busca un validador JSON online gratuito. Copia un ejemplo de salida JSON que la IA haya generado en un ejercicio anterior (Módulo 6.4, por ejemplo). Pégalo en el validador. ¿Es válido? Si no, ¿dónde está el error? (Esto te da una idea de qué refinar en el prompt).
2. Investiga sobre librerías de Prompting programático como LangChain o DSPy. No necesitas instalarlas ni usarlas, solo lee su descripción y sus características principales en sus sitios web o documentación inicial. ¿Cómo crees que podrían ayudarte a implementar prompts complejos como los del Módulo 4 o técnicas avanzadas como ReAct (Módulo 5) de una forma más estructurada que simplemente pegando texto?
3. Busca información sobre "prompt evaluation metrics" o "LLM evaluation platforms". Lee sobre cómo funcionan las pruebas A/B de prompts o la evaluación LLM-as-a-judge en estas herramientas.

9.3 Recursos Adicionales para Continuar Aprendiendo

El mundo de la IA Generativa y el Prompt Engineering cambia a una velocidad vertiginosa. Constantemente surgen nuevos modelos, nuevas técnicas y nuevas aplicaciones. Para ser un experto y mantenerte así, el aprendizaje continuo es esencial.

Aquí tienes algunos tipos de recursos donde puedes seguir aprendiendo y manteniéndote actualizado:

- Documentación Oficial de los Modelos (¡Tu Fuente Primaria!):
  - Por qué: Los desarrolladores de modelos (OpenAI, Google AI, Anthropic, Cohere, Meta, etc.) publican guías de prompt engineering y documentación técnica para sus modelos específicos. Esta es la fuente más fiable sobre cómo funciona *ese modelo en particular*, sus parámetros, sus limitaciones conocidas y las técnicas que recomiendan. A menudo descubren que ciertos prompts o estructuras funcionan mejor con sus modelos.

  - *Dónde encontrarla:* Busca en la web oficial del modelo o de la empresa (ej: "OpenAI Documentation", "Google AI Gemini API Guide", "Anthropic Claude Prompting"). (Aquí es donde residen muchos de los documentos que encontramos en la Fase 1 de investigación).

- Guías Completas y Cursos Online:
  - Por qué: Proporcionan conocimiento estructurado y, a menudo, ejercicios prácticos. Pueden cubrir una gama amplia de técnicas o especializarse en un área.

  - *Dónde encontrarla:* Busca sitios web dedicados al prompt engineering (ej: promptingguide.ai es un recurso conocido), plataformas educativas (Coursera, edX, Udemy) con cursos sobre LLMs o IA Generativa, blogs de empresas tecnológicas o de IA.

- Comunidades Online y Foros:
  - Por qué: Son lugares geniales para ver ejemplos de prompts de otros usuarios, hacer preguntas,

descubrir trucos que la gente ha encontrado por experimentación, y mantenerte al día de las tendencias.

○ *Dónde encontrarla:* Subreddits en Reddit dedicados a IAs específicas o a prompt engineering (ej: r/PromptEngineering, r/ChatGPT, r/Midjourney), servidores de Discord relacionados con IA generativa, grupos en plataformas como LinkedIn, repositorios en GitHub con colecciones de prompts ("awesome prompts", "prompt libraries").

- Artículos de Investigación y Blogs de Empresas Líderes:
  ○ Por qué: Aquí es donde nacen muchas de las técnicas más avanzadas (CoT, ToT, ReAct). Los equipos de investigación (Google AI, OpenAI, Anthropic, etc.) publican sus descubrimientos.

  ○ *Dónde encontrarla:* Blogs de investigación de las empresas de IA (ej: Google AI Blog, OpenAI Blog, Anthropic Blog), archivos de pre-publicaciones (arXiv.org - buscando temas de "LLMs", "prompting"), resúmenes de investigación en blogs de divulgación técnica. No necesitas leer los papers completos si son muy técnicos; busca artículos que los expliquen de forma más accesible.

- Experimentación Práctica Constante (¡Lo Más Importante!):

  ○ Por qué: El Prompt Engineering es una habilidad práctica. La mejor manera de mejorar es probar, probar y probar. Diseña prompts, evalúa los resultados, refina, y repite. Cada interacción es una oportunidad de aprendizaje.

○ *Cómo hacerlo:* Usa las plataformas del 9.1, toma ideas de los recursos online, y aplica lo que has aprendido a tus propias necesidades y proyectos. No tengas miedo de experimentar con enfoques nuevos.

Tu camino como Prompt Engineer no termina con esta guía; empieza con ella. El campo seguirá evolucionando, y tu habilidad para aprender, adaptarte y experimentar será tu mayor activo.

Ejercicio 9.3 ¡Crea Tu Hoja de Ruta de Aprendizaje!:

1. Visita la documentación oficial de uno de los modelos de IA que hayas usado (OpenAI, Google AI, etc.). Busca específicamente su sección de "Prompt Engineering Guide" o "Best Practices". Lee una sección que te interese (quizás sobre un parámetro que no conocías, o una técnica que expliquen). ¿Añade algo a lo que hemos visto?

2. Encuentra un recurso online (sitio web, blog, comunidad) sobre Prompt Engineering que te parezca interesante. Explora su contenido. ¿Qué tipo de prompts o técnicas comparten?

3. Basándote en lo que has aprendido en esta guía y tus intereses (¿te gusta más la creatividad, el código, el análisis de datos, el marketing?), crea una pequeña lista de 3 temas o áreas dentro del Prompt Engineering donde te gustaría profundizar en el futuro. Anota qué tipo de recursos (documentación oficial, cursos, comunidades) crees que te serían más útiles para cada tema.

MÓDULO EXTRA: ERRORES COMUNES AL CREAR PROMPTS Y CÓMO RESOLVERLOS

Hasta ahora, hemos aprendido las técnicas y principios fundamentales del Prompt Engineering. Pero, ¿qué pasa cuando las cosas no salen como esperamos? Es normal cometer errores al principio. Este módulo está diseñado para identificar rápidamente los errores más frecuentes al crear prompts y mostrarte exactamente cómo solucionarlos.

Error 1: Prompt demasiado vago o genérico

Ejemplo de prompt con error:

- "Háblame sobre historia."

Problema: El prompt no tiene suficiente detalle, por lo que la IA responderá con información muy general o imprecisa.

Solución: Sé claro y específico sobre qué parte o periodo histórico quieres conocer.

- Prompt corregido: "Explícame brevemente las causas principales de la Revolución Francesa."

Error 2: Contradicciones internas en el prompt

Ejemplo de prompt con error:

- "Haz un resumen detallado y breve sobre los efectos del cambio climático."

Problema: El prompt pide simultáneamente "detallado" y "breve", creando confusión para la IA.

Solución: Decide claramente cuál es tu prioridad (detallado o breve).

- Prompt corregido: "Haz un resumen breve sobre los efectos más importantes del cambio climático."

Error 3: Exceso de instrucciones

Ejemplo de prompt con error:

- "Explica qué es el ADN, cómo funciona, da ejemplos, compáralo con el ARN y explica la importancia histórica del descubrimiento."

Problema: Demasiadas peticiones en un solo prompt dificultan que la IA atienda cada instrucción correctamente.

Solución: Divide el prompt en partes más manejables.

- Prompt corregido (en pasos o prompts separados):

    1. "Explica brevemente qué es el ADN y cómo funciona."

    2. "Ahora, compáralo brevemente con el ARN."

    3. "Finalmente, menciona la importancia histórica del descubrimiento del ADN."

Error 4: Falta de contexto suficiente

Ejemplo de prompt con error:

- "¿Qué opinas sobre este párrafo?"

Problema: La IA no tiene referencia sobre cuál párrafo hablas.

Solución: Proporciona claramente el contexto necesario.

- Prompt corregido: "Aquí tienes un párrafo: 'El calentamiento global afecta a las cosechas agrícolas.' ¿Qué opinas sobre esta afirmación desde una perspectiva ecológica?"

Error 5: Uso incorrecto o inexistente de delimitadores

Ejemplo de prompt con error:

- "Resume el texto Este es el texto que quiero resumir pero no está claro dónde empieza o termina."

Problema: Sin delimitadores claros, la IA puede malinterpretar dónde comienza y termina el texto que debe analizar.

Solución: Utiliza delimitadores como comillas triples o etiquetas claras.

Prompt corregido:

Resume el siguiente texto:
"""
Este es el texto que quiero resumir claramente delimitado con comillas triples.
"""

-

Error 6: Prompt excesivamente largo

Ejemplo de prompt con error:

- Un prompt demasiado extenso que excede la ventana de contexto del modelo, provocando que la IA "olvide" partes importantes del contenido.

Solución: Divide la información o utiliza resúmenes previos para mantener el prompt dentro de la ventana de contexto.

- Prompt corregido:

  o Realiza primero un resumen breve del contenido.

  o Usa este resumen breve como contexto para instrucciones

posteriores.

Error 7: Rol asignado incorrectamente o demasiado ambiguo

Ejemplo de prompt con error:

- "Actúa como alguien que sabe cosas. Dime qué opinas sobre la economía actual."

Problema: El rol es demasiado genérico y no aporta dirección específica.

Solución: Especifica un rol concreto y relevante para el tema.

- Prompt corregido: "Actúa como un economista experimentado. Dime tu opinión sobre el estado actual de la economía global."

Checklist rápido para evitar errores:

- ¿Mi prompt es específico y claro?

- ¿He evitado instrucciones contradictorias?

- ¿Proporcioné suficiente contexto para la IA?

- ¿Mi prompt está dividido correctamente en instrucciones manejables?

- ¿Estoy usando delimitadores para textos o contextos extensos?

- ¿El prompt está dentro de la ventana de contexto del modelo?

- ¿El rol que asigné está bien definido y es relevante?

Con estas soluciones a mano, evitarás los errores comunes en el Prompt Engineering y lograrás respuestas mucho más efectivas y útiles de la IA.

CONCLUSIÓN DE LA GUÍA: TU VIAJE COMO PROMPT ENGINEER

Has llegado al final de esta guía exhaustiva. Empezaste aprendiendo qué es este nuevo y vital campo, y ahora posees un conocimiento sólido de sus principios, técnicas esenciales y avanzadas, métodos de estructuración, aplicaciones prácticas en diversos dominios, cómo evaluar y refinar tus resultados, y la importancia de un uso ético y responsable.

Dominar el Prompt Engineering te da el poder de comunicarte de forma efectiva con algunas de las herramientas más avanzadas que la humanidad ha creado hasta ahora. Es una habilidad versátil que será cada vez más valiosa en muchísimos campos.

El viaje del Prompt Engineer es uno de curiosidad, experimentación y aprendizaje continuo. Las IAs seguirán mejorando, pero tu habilidad para guiarlas y adaptarte a sus nuevas capacidades será lo que te distinga.

Recuerda siempre: Sé claro. Sé específico. Da contexto. Define tu salida. Usa roles. Establece restricciones. Itera. Evalúa. Y sé responsable.

¡Ahora sal ahí fuera y empieza a diseñar prompts increíbles! El potencial es ilimitado, y tú tienes las herramientas para desbloquearlo.

¡Te deseo muchísimo éxito en tu camino como Prompt Engineer!

MÓDULO EXTRA: EJERCICIOS PRÁCTICOS

Este módulo contiene ejercicios diseñados para ayudarte a aplicar y consolidar los conocimientos adquiridos en cada uno de los módulos principales de la guía. La práctica constante es clave para dominar el Prompt Engineering.

Los ejercicios están organizados por módulo principal. Se recomienda realizar los ejercicios de una sección E.x después de haber estudiado a fondo el Módulo x correspondiente.

Las propuestas de solución para estos ejercicios se podrán encontrar en la web del libro:

https://secretospromptengineering.top

Sección E.1: Ejercicios para el Módulo 1 (Introducción al Prompt Engineering)

Estos ejercicios te ayudarán a afianzar los conceptos básicos: entender qué es un prompt efectivo, identificar la diferencia entre instrucciones vagas y claras, reconocer los tipos de IA Generativa y comprender el proceso iterativo.

Ejercicio E.1.1 - Identifica la Vageza Lee los siguientes prompts. Para cada uno, indica si es vago o específico y explica *por qué* crees que es así, señalando qué le falta para ser más claro.

1. "Haz un resumen de este texto."

2. "Necesito ayuda con mi tarea de matemáticas."
3. "Escribe un email a un compañero."
4. "Crea una imagen de un perro."
5. "Dame información sobre historia."

Ejercicio E.1.2 - De lo Vago a lo Claro (Nivel Básico) Reescribe los siguientes prompts vagos para hacerlos más claros y específicos, añadiendo al menos dos detalles relevantes.

1. Prompt Vago: "Quiero ideas para un regalo."
2. Prompt Vago: "Traduce esta frase."
3. Prompt Vago: "Escribe algo creativo."

Ejercicio E.1.3 - ¿Qué Tipo de IA Generativa Es? Lee las descripciones. Indica a qué tipo de IA Generativa (Texto/LLM, Imagen, Audio, Video, Código, Multimodal) corresponden.

1. Una IA que genera melodías musicales a partir de un estado de ánimo.
2. Una IA que puede ver una foto y escribir un pie de foto humorístico para ella.
3. Una IA que te permite charlar sobre un tema y te resume documentos que le das.
4. Una IA que crea un logo para tu empresa basándose en tu descripción.
5. Una IA que genera simulaciones físicas cortas basadas en texto.
6. Una IA que autocompleta código mientras programas.

Ejercicio E.1.4 - Reflexionando sobre la Primera Iteración Escribe un prompt inicial para pedir a la IA que te ayude a escribir un post corto para redes sociales sobre tus vacaciones. Haz este primer prompt intencionadamente **vago**. Luego, describe *qué tipo de respuesta genérica o no deseada* esperarías obtener debido a la vaguedad y por qué.

Ejercicio E.1.5 - El Proceso Iterativo en Miniatura Describe una interacción hipotética de 3 turnos con una IA (Usuario -> IA -> Usuario -> IA) donde intentas que la IA te sugiera un nombre para una mascota. Empieza con un prompt vago, la IA da nombres genéricos, tú intentas ajustar en el segundo prompt, la IA mejora un poco, y así sucesivamente. Identifica en qué paso aplicas "Observar, Aprender, Ajustar".

Ejercicio E.1.6 - Identifica los LLMs De la lista de herramientas de IA Generativa del Ejercicio E.1.3, ¿cuáles se basan principalmente en Modelos de Lenguaje Grandes (LLMs)?

Ejercicio E.1.7 - Comprendiendo la Ventana de Contexto Imagina que estás usando un chatbot para que te ayude a resumir un libro capítulo por capítulo. Después de resumir los primeros 10 capítulos en una conversación muy larga, le preguntas algo sobre el Capítulo 1, y la IA parece haber "olvidado" detalles importantes de ese capítulo. Explica *por qué* pudo haber pasado esto, haciendo referencia al concepto de **Ventana de Contexto** visto en el Módulo 1.

Ejercicio E.1.8 - Tu Primer Prompt (Simple y Claro) Piensa en una tarea **muy simple y cotidiana** (ej: obtener una lista de cosas, hacer una pregunta factual sencilla). Escribe tu **primer prompt**, aplicando la regla de oro de ser **claro y específico** al máximo para esa tarea simple. No la hagas compleja, solo clara.

Ejercicio E.1.9 - Evaluando la Claridad de Otros Prompts Busca online (en foros, redes sociales, o galerías de prompts) un ejemplo de prompt que otra persona haya usado para una IA

Generativa (puede ser para texto, imagen, etc.). Pega el prompt aquí y evalúa su **claridad y especificidad** según los principios del Módulo 1. ¿Crees que es un buen prompt? ¿Por qué?

Ejercicio E.1.10 - Diseñando un Prompt para Ilustrar la Necesidad de Especificidad Diseña un prompt intencionadamente ambiguo o genérico para una tarea creativa (ej: "Crea un personaje"). Luego, escribe *dos* posibles interpretaciones muy diferentes de ese mismo prompt que una IA podría tomar si no fuera más específica. Esto ilustra por qué la especificación es necesaria desde el principio.

Sección E.2: Ejercicios para el Módulo 2 (Principios Fundamentales)

Ejercicio E.2.1 - Especificando con Detalle Tienes la tarea de pedirle a la IA ideas para una pequeña fiesta. Escribe un prompt que sea muy **específico**, incluyendo detalles como: tipo de celebración (cumpleaños, reunión casual), para quién es la fiesta (niños, adultos, mixto), número aproximado de invitados, lugar (casa, salón alquilado), y si hay alguna temática deseada.

Ejercicio E.2.2 - Añadiendo el Contexto Necesario Quieres que la IA te ayude a redactar un mensaje corto para cancelar una reunión. Escribe un prompt que le dé a la IA el **contexto** necesario para redactar ese mensaje. Incluye: a quién va dirigido (un colega, un jefe, un cliente), el motivo general de la cancelación (sin entrar en detalles muy privados, ej: "problema inesperado", "conflicto de horario"), y proponer una fecha alternativa. No escribas el mensaje aún, solo el prompt con el contexto.

Ejercicio E.2.3 - Controlando el Formato y la Longitud Pide a la IA que te liste los pasos para hacer café en una cafetera italiana. Escribe un prompt que especifique que la salida debe ser una **lista numerada** y que cada paso debe estar explicado en **una sola frase corta**.

Ejercicio E.2.4 - Definiendo el Tono y el Estilo Pide a la IA que describa cómo es un día en la vida de un estudiante. Escribe dos prompts diferentes para esta tarea:

1. Prompt A: Pide la descripción con un **tono muy positivo y entusiasta**.
2. Prompt B: Pide la descripción con un **tono realista y un poco cansado**.

Ejercicio E.2.5 - Ponte el Sombrero del Rol Elige un tema simple que la IA pueda explicar (ej: cómo reciclar, beneficios de leer). Escribe dos prompts diferentes para explicar este tema, asignando un **rol** distinto en cada prompt para que la perspectiva y el estilo cambien (ej: rol de educador ambiental vs. rol de un amigo conversando; rol de científico vs. rol de artista).

Ejercicio E.2.6 - Estableciendo Restricciones Claras Pide a la IA que escriba una pequeña historia sobre un viaje al futuro. Escribe un prompt que incluya **restricciones**:

- Una restricción positiva: La historia **DEBE** mencionar un invento tecnológico inesperado.
- Una restricción negativa: La historia **NO** debe incluir viajes en el tiempo usando una máquina del tiempo tradicional (busca una forma alternativa).

Ejercicio E.2.7 - Combinando Especificidad y Contexto Estás escribiendo un email a un compañero de trabajo para pedirle ayuda con una hoja de cálculo de ventas. Escribe un prompt que combine la **especificidad** de la tarea (qué ayuda necesitas exactamente con la hoja) con el **contexto** (qué hoja es, qué datos contiene, cuál es el problema que tienes).

Ejercicio E.2.8 - Combinando Rol y Definición de Salida (Estilo/ Tono) Quieres que la IA te ayude a escribir la descripción para un post de Instagram sobre senderismo. Escribe un prompt que combine un **Rol** (ej: experto en aventura al aire libre o influencer de viajes) con la **Definición de Salida** en cuanto a estilo (conversacional, inspirador) y tono (entusiasta).

Ejercicio E.2.9 - Combinando Formato y Restricciones Pide a la IA que liste los ingredientes principales de 5 platos de cocina internacional. Escribe un prompt que combine la **Definición de Salida** en cuanto a formato (una lista numerada o con viñetas, o una tabla simple) con una **Restricción Negativa** (ej: NO incluir platos con mariscos, o EVITAR platos italianos).

Ejercicio E.2.10 - Primer Prompt Completo (Principios M2) Piensa en una tarea simple que requiera aplicar varios principios del Módulo 2 a la vez (ej: pedir una recomendación de libro para alguien, pedir ayuda con una pequeña redacción, pedir ideas para organizar un espacio en casa). Escribe un prompt para esa tarea que incluya:

- Especificidad (detalles de la tarea/situación).
- Contexto (información de fondo relevante).
- Definición Clara de la Salida (formato, longitud, tono).
- Un Rol (si aplica, para darle perspectiva).
- Al menos una Restricción (positiva o negativa). Intenta que sea lo más completo posible usando solo los principios del Módulo 2.

Sección E.3: Ejercicios para el Módulo 3 (Técnicas Esenciales)

Ejercicio E.3.1 - Zero-Shot en Acción Elige 3 preguntas o tareas sencillas que la IA pueda responder basándose en su conocimiento general sin necesidad de ejemplos (ej: una capital, una fecha histórica, una definición simple). Escribe un prompt para cada una usando únicamente la técnica **Zero-Shot.**

Ejercicio E.3.2 - Tus Primeros Ejemplos (Few-Shot Básico) Tienes una lista de nombres y quieres que la IA extraiga sólo el nombre y el primer apellido. Escribe un prompt usando la técnica **Few-Shot** para mostrarle el patrón, incluyendo al menos 2 ejemplos de "Entrada: Nombre Completo -> Salida: Nombre y Primer Apellido". Luego añade una entrada nueva para que lo resuelva.

Ejercicio E.3.3 - Zero-Shot vs. Few-Shot (Formato) Quieres que la IA te dé los 5 beneficios principales de hacer ejercicio, presentados como una lista numerada con un emoji al inicio de cada punto.

1. Intenta escribir un prompt usando solo la técnica **Zero-Shot** para esto.
2. Ahora, escribe un prompt usando la técnica **Few-Shot** que muestre en los ejemplos exactamente el formato de lista numerada con emoji que deseas.
3. (Opcional) Ejecuta ambos prompts y compara cuál logra mejor el formato específico.

Ejercicio E.3.4 - Rol para el Tono Necesitas que la IA escriba un pequeño párrafo promocionando un evento benéfico. Escribe un prompt usando **Role Prompting** como técnica para asegurar que el párrafo tenga un tono **emocional y persuasivo**.

Ejercicio E.3.5 - Evitando lo No Deseado (Negative Prompting) Pide a la IA que describa un día soleado en la playa. Escribe un prompt que use **Negative Prompting** para asegurar que la descripción **NO** incluya la palabra "arena".

Ejercicio E.3.6 - Comparando Técnicas (Clasificación) Quieres que la IA clasifique una serie de frutas en "Cítricos", "Bayas" u "Otras".

1. Escribe un prompt **Zero-Shot** pidiendo la clasificación para 3 frutas.
2. Escribe un prompt **Few-Shot** que muestre en los ejemplos cómo clasificar 2 frutas, y luego pide la clasificación para las otras 3 frutas.
3. (Opcional) Ejecuta y compara la consistencia y corrección de las clasificaciones.

Ejercicio E.3.7 - Rol y Tarea Directa (Combinación) Escribe un prompt que combine **Role Prompting** (ej: "Actúa como un chef que da consejos rápidos") con una tarea **Zero-Shot** (ej: "y dame un consejo rápido para evitar que la cebolla pique al cortarla").

Ejercicio E.3.8 - Restricción Negativa y Descripción Pide a la IA que describa una casa moderna. Escribe un prompt que use **Negative Prompting** para evitar mencionar características muy comunes, como el color blanco o las grandes ventanas.

Ejercicio E.3.9 - Few-Shot para una Transformación Específica

Tienes una lista de sinónimos y quieres que la IA, dada una palabra, te devuelva un solo sinónimo que empiece por la misma letra. Escribe un prompt **Few-Shot** con 2 ejemplos que muestren este patrón de transformación específico.

Ejercicio E.3.10 - Aplicando Múltiples Técnicas Esenciales
Piensa en una tarea práctica que beneficie de la combinación de técnicas del Módulo 3 (ej: pedir a la IA que escriba una respuesta corta a una reseña negativa, con un tono específico, evitando ciertas frases). Escribe un prompt que incluya:

- Una justificación de si usarías Zero-Shot o Few-Shot (aunque solo implementes una).
- Role Prompting para definir la voz.
- Negative Prompting para evitar un tipo de lenguaje.
- Especificación de la longitud de la respuesta (usando principios de M2, combinando módulos).

Sección E.4: Ejercicios para el Módulo 4 (Estructurando Prompts Complejos)

Ejercicio E.4.1 - Analiza la Anatomía de un Prompt Lee el siguiente prompt. Identifica y describe las diferentes partes de su "anatomía" (Instrucción Principal, Rol, Contexto/Datos, Definición de Salida, Restricciones) tal como las vimos en el Módulo 4.

Eres un experto en optimización de textos SEO.
Analiza el siguiente párrafo de un blog sobre jardinería y suguiere 3 mejoras concretas para incluir la palabra clave "cuidado de rosas" de forma natural.
El tono debe ser útil y amigable.
El párrafo es el siguiente:
"""

Plantar flores es un arte que requiere paciencia y atención. Hay muchas variedades bellas para embellecer tu jardín esta primavera con colores vibrantes y aromas dulces. Asegúrate de regarlas adecuadamente.
"""

Las sugerencias deben ser concisas.

Ejercicio E.4.2 - Practicando con Delimitadores Tienes una instrucción simple y un bloque de texto sobre el que la IA debe actuar. Escribe el prompt para esta tarea utilizando **tres conjuntos diferentes de delimitadores** para separar la instrucción del texto, mostrando las tres versiones.

- Instrucción: "Extrae las fechas de los siguientes eventos."
- Texto: "La conferencia inicia el 15 de septiembre de 2024. La fecha límite de registro es el 1 de agosto de 2024. El evento finaliza el 17 de septiembre."

Ejercicio E.4.3 - Secuencia de Pasos Quieres que la IA te ayude a planificar un post simple para redes sociales siguiendo un pequeño proceso. Escribe un prompt que le indique a la IA que realice la tarea en **pasos secuenciales** numerados (al menos 3 pasos).

- Tarea: Planificar un post de Instagram sobre los beneficios de leer.
- Pasos Deseados: 1. Pensar en 3 beneficios clave de la lectura. 2. Escribir una frase corta para cada beneficio. 3. Sugerir 3 hashtags relevantes.

Ejercicio E.4.4 - Manejando Múltiples Inputs Quieres que la IA compare las características de dos teléfonos móviles basándose en sus descripciones. Escribe un prompt que le pida hacer la comparación y **presenta las descripciones de cada teléfono**

usando delimitadores diferentes para que la IA distinga claramente qué texto corresponde a cada uno.

Ejercicio E.4.5 - Instrucciones Condicionales Quieres que la IA responda de forma diferente a una solicitud dependiendo de si la solicitud menciona "verano" o "invierno". Escribe un prompt que use **instrucciones condicionales** simples (SI... ENTONCES...) para lograr esto.

- Tarea: Responder a una frase sobre planes de viaje.
- Condición 1: SI la frase incluye "verano", ENTONCES la respuesta debe mencionar algo sobre el calor.
- Condición 2: SI la frase incluye "invierno", ENTONCES la respuesta debe mencionar algo sobre el frío.
- Condición 3: SI no incluye ninguna, ENTONCES la respuesta debe ser neutral.

Ejercicio E.4.6 - La Ubicación Importante Elige una tarea donde le das a la IA un texto para procesar (ej: resumir, analizar).

1. Escribe el prompt colocando la instrucción principal **al principio**, antes del texto (usando delimitadores).
2. Escribe una segunda versión del prompt colocando la instrucción principal **al final**, después del texto (usando los mismos delimitadores). (No necesitas ejecutarlos, solo notar la diferencia en la estructura).

Ejercicio E.4.7 - Delimitadores y Secuencias Combinados Pide a la IA que revise un texto para corregir errores y luego lo resuma. Escribe un prompt que use:

- Un delimitador para separar el texto de la instrucción.
- Instrucciones secuenciales numeradas para los pasos (1. Corregir, 2. Resumir).

Ejercicio E.4.8 - Delimitadores e Instrucciones Condicionales Combinados Pide a la IA que analice una lista de comentarios de clientes y responda de forma diferente si los comentarios son mayormente positivos o negativos. Escribe un prompt que use:

- Un delimitador para separar la lista de comentarios de la instrucción.
- Instrucciones condicionales basadas en el sentimiento general de los comentarios.

Ejercicio E.4.9 - Estructura con Múltiples Inputs y Pasos Quieres que la IA lea la descripción de un producto y una lista de preguntas frecuentes (FAQs) sobre ese producto. Luego, debe responder a 3 preguntas específicas basándose **solo** en esas dos fuentes de información. Escribe un prompt que:

- Use delimitadores distintos para la Descripción del Producto y la lista de FAQs.
- Liste las 3 preguntas específicas que debe responder.
- Incluya una instrucción clara para que solo use la información de las dos fuentes proporcionadas.

Ejercicio E.4.10 - Diseñando la Estructura de un Prompt Extenso ("Megaprompt") Imagina que quieres crear un "Prompt de Sistema" extenso para un chatbot que actúe como un asesor de estudio para estudiantes universitarios. Diseña la **estructura principal** de este prompt extenso, definiendo las secciones clave que incluirías (Rol, Reglas Generales, Tipos de Interacción, Contexto/Datos, etc.) y qué tipo de información iría en cada una (no escribas el contenido completo, solo describe cada sección y usa delimitadores para mostrarlas). Piensa en al menos 4-5 secciones distintas.

Sección E.5: Ejercicios para el Módulo 5 (Técnicas Avanzadas y Patrones)

Ejercicio E.5.1 - Piensa Paso a Paso (Zero-Shot CoT) Tienes un problema que requiere varios pasos lógicos o un cálculo simple con múltiples operaciones. Formula el prompt para este problema y añade una frase desencadenante como "Pensemos paso a paso." al final para que la IA genere los pasos intermedios antes de la respuesta final (Zero-Shot CoT).

- Problema: "Si un paquete de 6 lápices cuesta 3 euros, ¿cuánto costarían 20 lápices?"

Ejercicio E.5.2 - Mostrando el Camino (Standard CoT) Elige un problema similar al anterior o un pequeño acertijo lógico. Diseña un prompt usando **Standard CoT** (Few-Shot CoT). Incluye un ejemplo completo dentro del prompt que muestre claramente la pregunta de ejemplo, los pasos de razonamiento intermedios detallados y la respuesta final del ejemplo, antes de plantear tu problema real.

Ejercicio E.5.3 - Explorando Opciones (Simulando ToT) Tienes una tarea que podría tener varios enfoques iniciales (ej: ¿Cómo puedo motivar a mi equipo de trabajo? ¿Qué factores considerar al elegir un nuevo portátil?). Diseña la estructura de un prompt que simule un proceso **Tree-of-Thought (ToT)** pidiendo a la IA que:

1. Liste 3 posibles enfoques o ideas iniciales para abordar la tarea.
2. Evalúe brevemente los pros y contras de cada enfoque.
3. Elija el enfoque que considere más prometedor y explique por qué.

Ejercicio E.5.4 - Diseñando una Interacción (ReAct Básico) Imagina que la IA tiene acceso a una herramienta hipotética llamada buscar_precio(producto) que, dada el nombre de un producto, devuelve su precio actual. Diseña la **estructura de un prompt** para un problema que requiera usar esta herramienta. Incluye en el prompt la definición del ciclo Thought -> Action -> Observation y cómo la IA usaría la herramienta buscar_precio(). Describe cómo sería el flujo si el usuario preguntara "¿Cuánto cuesta una 'Laptop X' y una 'Tablet Y' en total?". No necesitas ejecutarlo, solo diseñar el prompt y describir el flujo de pensamientos/acciones.

Ejercicio E.5.5 - Meta-Prompting: Mejora Tu Prompt Toma un prompt que hayas escrito para un ejercicio anterior (puede ser del Módulo 2, 3 o 4) cuya respuesta no fue perfecta. Escribe un **Meta-Prompt** pidiendo a la IA que analice ese prompt original y te sugiera 3 formas concretas de mejorarlo para obtener un resultado más cercano a lo que buscas (sé específico con la IA sobre qué no te gustó de la respuesta original).

Ejercicio E.5.6 - Aplicando un Patrón (Grounded Q&A) Busca un texto corto (un párrafo de Wikipedia o una noticia). Formula una pregunta sobre un detalle que **sí está** en ese texto y otra pregunta sobre un detalle que **NO está** en ese texto. Diseña un prompt usando el **Patrón Pregunta-Respuesta Fundamentada** (Módulo 5.5) para que la IA responda a ambas preguntas basándose **EXCLUSIVAMENTE** en el texto proporcionado. Asegúrate de que tu prompt le indica qué decir si la respuesta no está en el texto.

Ejercicio E.5.7 - Comparando Zero-Shot y Zero-Shot CoT Elige un acertijo simple que requiera 2-3 pasos de lógica para resolver.

1. Escribe un prompt pidiendo la respuesta directamente (Zero-Shot).
2. Escribe el mismo prompt y añade "Pensemos paso a paso." al final (Zero-Shot CoT).
3. (Opcional) Ejecuta ambos y compara si la versión con CoT tiene más probabilidades de acertar o si sus pasos son lógicos.

Ejercicio E.5.8 - Rol que Razona (Combinación CoT y Rol) Escribe un prompt que combine **Role Prompting** (ej: "Actúa como un profesor de matemáticas que explica un problema a un estudiante") con la técnica **Zero-Shot CoT** para resolver un problema matemático o lógico, pidiendo que muestre los pasos ("Pensemos paso a paso.").

Ejercicio E.5.9 - Aplicando un Patrón (Cognitive Verifier) Piensa en una tarea compleja o en un objetivo que tienes donde no estás seguro de toda la información que la IA necesitaría para ayudarte bien (ej: quieres que la IA te ayude a escribir un plan de negocios simple, pero no sabes qué información clave necesitas darle). Diseña un prompt usando el **Patrón Verificador Cognitivo** (Módulo 5.5) para que la IA te haga preguntas hasta que tenga la información necesaria para empezar a ayudarte.

Ejercicio E.5.10 - Diseño Avanzado Combinado Diseña la estructura de un prompt (no necesitas escribir todo el contenido, solo las secciones e instrucciones clave) que combine al menos tres de las siguientes técnicas avanzadas o patrones: CoT (Zero-Shot o Standard), ReAct (usando una herramienta hipotética), ToT (simulando exploración/ evaluación), o un Patrón específico (Persona, Fundamentado, Verificador Cognitivo). Piensa en un problema o tarea compleja donde esta combinación tendría sentido. Describe brevemente por qué elegiste esa combinación.

Sección E.6: Ejercicios para el Módulo 6 (Prompting Aplicado a Dominios Específicos)

Ejercicio E.6.1 - Creación de Texto Creativo (Escena Corta) Escribe un prompt para que la IA genere una **escena corta** (unos 150-200 palabras) para una historia. Especifica el **género** (ej: fantasía, ciencia ficción, histórico), el **escenario** (un bosque encantado, una estación espacial abandonada), y una **acción** o evento específico que ocurra en la escena (un encuentro inesperado, el descubrimiento de un objeto). Aplica principios de **estilo** y **tono**.

Ejercicio E.6.2 - Generación de Código (Función con Especificaciones) Elige un lenguaje de programación que conozcas (ej: Python, JavaScript). Escribe un prompt para que la IA genere una **función simple** en ese lenguaje que realice una tarea específica (ej: calcular el área de un círculo, invertir una cadena de texto). Sé específico sobre el **nombre** de la función, los **parámetros** de entrada que debe aceptar y el **tipo de valor** que debe devolver.

Ejercicio E.6.3 - Resumen de Texto (Con Enfoque y Formato) Busca un párrafo corto de una noticia o un artículo informativo online. Escribe un prompt para que la IA **resuma** ese párrafo. Especifica la **longitud** del resumen (ej: en 2-3 frases), el **público objetivo** del resumen (ej: para un niño, para un experto en el tema), y el **enfoque** principal del resumen (ej: centrado solo en las causas, centrado solo en las consecuencias).

Ejercicio E.6.4 - Extracción de Datos (A Lista Estructurada) Tienes el siguiente texto: "Clientes recientes: Ana García (anag@email.com), nacido el 10/05/1990; Juan Pérez (juanp@email.com), nacido el 25/11/1985; María López (marial@email.com), nacida el 03/07/1992." Escribe un prompt para que la IA **extraiga** el nombre completo y el email de cada cliente y los presente en una **lista numerada** donde cada punto sea "Nombre: [Nombre], Email: [Email]".

Ejercicio E.6.5 - Prompting para RAG (Uso de Contexto Forzado) Imagina que un sistema RAG te proporciona los siguientes fragmentos de texto sobre un tema (ej: la fotosíntesis). Formula una **pregunta** sobre ese tema. Luego, diseña el **prompt** que incluiría tu pregunta y los fragmentos proporcionados, instruyendo a la IA para que **responda a la pregunta basándose EXCLUSIVAMENTE en la información de los fragmentos**. Indica qué debe decir si la respuesta no está en los fragmentos.

- Fragmentos de Ejemplo: """[Fragmento 1], [Fragmento 2]""" (Copia 2-3 párrafos cortos sobre la fotosíntesis de internet para usarlos).

Ejercicio E.6.6 - Diseño de Chatbot (Prompt de Sistema Básico) Piensa en un propósito simple para un chatbot (ej: recomendar libros de ciencia ficción, dar consejos básicos de jardinería). Diseña el **prompt de sistema inicial** para este chatbot. Incluye un **Rol** claro, al menos 3 **Reglas Generales de Comportamiento** (ej: tono amigable, ser conciso, no hablar de política) y qué debe responder si se le pregunta algo **fuera de su propósito**.

Ejercicio E.6.7 - Prompting para Marketing (Post para Red Social) Elige un producto o servicio simple (real o inventado) y una red social (ej: Instagram, X/Twitter, LinkedIn). Escribe un prompt para generar un **post corto** anunciando ese producto/servicio para esa red social específica. Incluye la **audiencia objetivo**, un **beneficio clave** a destacar, y una **llamada a la acción (CTA)**. Aplica un **tono** adecuado para la red social.

Ejercicio E.6.8 - Creación de Imágenes (Prompt Descriptivo) Piensa en una imagen visual que te gustaría crear. Escribe un **prompt de texto detallado** para un generador de imágenes. Describe el **sujeto**, la **acción** o estado, el **entorno**, el **estilo visual** (ej: digital art, fotografía), el tipo de **iluminación** (ej: luz de atardecer, neón), y la **composición** (ej: primer plano, vista amplia). Incluye al menos una **restricción negativa** (algo que no quieres ver).

Ejercicio E.9 - Creación de Video (Prompt con Movimiento) Piensa en una acción corta que involucre movimiento (ej: un objeto cayendo, una planta creciendo rápido, una persona saludando). Escribe un **prompt de texto** para un generador de video. Describe el **sujeto**, el **tipo de movimiento** o cambio (ej: suave, rápido, explosivo), el **entorno**, y el **estilo visual/cinematografía** deseada (ej: plano detalle, cámara lenta, animación 3D).

Ejercicio E.6.10 - Combinando Dominios (Tarea Multi-Aplicación) Imagina que encuentras un **artículo online** (Resumen - M6.3) sobre un nuevo estudio científico interesante. Quieres usar la información para escribir un **post corto para redes sociales** (Marketing - M6.7) anunciando el estudio y un posible **tema para un post de blog más largo** (Creativo/Marketing - M6.1/6.7) basado en él. Diseña un **prompt multi-paso** (usando estructura de M4) que le pida a la IA:

1. Leer el artículo (proporcionado como Contexto).

2. Resumir los hallazgos clave en 3-4 puntos.

3. Basado en el resumen, escribir un borrador de post para X/Twitter anunciando el estudio (aplicando tono/ longitud de X).

4. Sugerir 3 ideas de títulos para un post de blog más largo que profundice en uno de los hallazgos.

Sección E.7: Ejercicios para el Módulo 7 (Evaluación y Refinamiento)

Ejercicio E.7.1 - Identificando Métricas Relevantes Imagina que has usado la IA con los siguientes prompts. Para cada prompt, identifica **dos métricas clave** (de la Sección 7.2 del Módulo 7, como Precisión, Relevancia, Formato, Tono, etc.) que serían las más importantes para evaluar la calidad de la respuesta en *esa tarea específica*. Justifica brevemente tu elección.

1. Prompt: "Escribe una receta de paella valenciana en formato de lista numerada."

2. Prompt: "Genera un eslogan pegadizo para una nueva bebida energética."

3. Prompt: "Resume las conclusiones de este informe científico: [texto del informe]."

4. Prompt: "Extrae los nombres y direcciones de los clientes de este email y ponlos en formato JSON."

Ejercicio E.7.2 - Diagnosticando Fallos de Salida Imagina que usaste el siguiente prompt y obtuviste la respuesta descrita. Identifica **en qué métricas** (de la Sección 7.2) falla la respuesta y explica *por qué* basándote en el prompt.

- Prompt: "Escribe un poema corto sobre el otoño con un tono alegre."

- Respuesta Obtenida: [Un poema sobre el otoño, pero que solo habla de hojas cayendo y el frío, con un tono melancólico].

Ejercicio E.7.3 - Evaluación Humana (Mini Rúbrica) Elige un prompt tuyo (o de un ejercicio anterior) para una tarea donde la calidad es algo subjetiva (ej: escribir una descripción creativa, generar ideas). Escribe una **rúbrica simple** (Módulo 7.3) con 3-4 criterios (ej: Originalidad, Coherencia, Cumplimiento de Tono, Utilidad para el Propósito). Luego, imagina una respuesta de la IA a ese prompt y evalúala usando tu rúbrica, asignando una nota simple (ej: 1-5) o un Sí/No a cada criterio.

Ejercicio E.7.4 - ¿Cuándo Automatizar la Evaluación? Describe brevemente un escenario práctico donde sería muy útil usar una herramienta de **evaluación automatizada** simple (Módulo 7.4), como un validador de formato o un verificador de palabras clave, para comprobar la salida de un prompt recurrente. Por ejemplo, si pides a la IA que genere URLs, ¿cómo podrías verificar automáticamente que son URLs válidas?

Ejercicio E.7.5 - Ajustando el Prompt Basado en el Diagnóstico Imagina que usaste el siguiente prompt y la respuesta fue demasiado genérica y no enfocada.

- Prompt Inicial: "Escribe una descripción de un gato."
- Diagnóstico: El prompt falló en **Especificidad** (Módulo 2.1) y le faltó **Contexto** (Módulo 2.2) sobre qué tipo de descripción se necesitaba o para qué propósito.
- **Instrucción:** Basándote en este diagnóstico, escribe un **prompt ajustado** (Iteración 2) que mejore la Especificidad y añada Contexto para obtener una descripción más útil (ej: descripción para una enciclopedia infantil, o para un anuncio de adopción).

Ejercicio E.7.6 - Propuesta de Prueba A/B de Prompts Imagina que estás creando prompts para generar titulares de anuncios de Facebook para vender un curso online. Quieres saber qué tipo de titular funciona mejor: uno que enfatiza el beneficio ("Aprende X y mejora Y") o uno que apela al miedo/problema ("¿Te enfrentas al desafío Z? Con X solución..."). Diseña una **propuesta de prueba A/B** (Módulo 7.3). Define claramente los dos prompts que compararías (Variación A y Variación B) y qué métrica usarías para determinar cuál es "mejor" (ej: clics, o quizás una evaluación humana de "más persuasivo").

Ejercicio E.7.7 - Pidiendo Feedback a una IA (LLM-as-a-Judge) Imagina que usaste un prompt para generar ideas para un artículo de blog y la respuesta no fue muy original. Escribe un **prompt para un LLM-Juez** (Módulo 7.4), pidiéndole que evalúe tu prompt original y la respuesta obtenida, enfocándose en el criterio de **Originalidad** (usando una escala simple, ej: 1-5).

Ejercicio E.7.8 - Describiendo un Ciclo de Refinamiento Completo (Teórico) Describe por escrito un **ciclo completo de refinamiento iterativo** (Módulo 7.5) para una tarea donde la IA falla inicialmente y tú ajustas el prompt. Incluye: el prompt inicial, la descripción de la respuesta obtenida y su evaluación (qué falló), el diagnóstico (por qué falló el prompt), y el prompt ajustado para la siguiente iteración. Elige una tarea simple para que sea manejable.

Ejercicio E.7.9 - Diagnóstico en Prompts con Principios M2/M3 Imagina que usaste un prompt que incluía un **Rol** y una **Restricción Negativa**, pero la IA pareció ignorar el rol y mencionó algo que le pediste explícitamente que no mencionara. Analiza este fallo basándote en lo aprendido en los Módulos 2 y 3 y el Módulo 7. ¿Por qué crees que la IA pudo haber ignorado el rol o la restricción? (Piensa en posibles causas como contradicciones, dificultad de la restricción, o la capacidad del modelo).

Ejercicio E.7.10 - Evaluación y Ajuste en Tarea Estructurada/ Avanzada Elige un prompt de un ejercicio anterior (Módulo 4 o Módulo 5) que implicaba **estructura compleja** (delimitadores, pasos, condicionales) o una **técnica avanzada** (CoT, simulación ToT, ReAct simulado). Imagina que la respuesta de la IA tuvo un fallo específico relacionado con la estructura o la técnica (ej: no siguió los pasos en orden, mezcló secciones, no generó los pasos de razonamiento CoT, alucinó un resultado en ReAct).

1. Describe el prompt y el fallo imaginado.
2. Realiza una **evaluación detallada** del fallo, identificando *exactamente* qué parte de la estructura o técnica falló.
3. Realiza un **diagnóstico** sobre la posible causa del fallo en el prompt (ej: delimitador poco claro, instrucción secuencial ambigua, formato ReAct incorrecto, trigger CoT débil).
4. Describe **cómo ajustarías el prompt** para la siguiente iteración basándote en tu diagnóstico.

Sección E.8: Ejercicios para el Módulo 8 (Consideraciones Éticas y Limitaciones)

Ejercicio E.8.1 - Identificando Sesgos Potenciales en Prompts Lee los siguientes prompts. Para cada uno, identifica qué posible **sesgo** (ej: género, profesional, cultural) podría manifestarse en la respuesta de la IA si el prompt no es más específico o si la IA recurre a estereotipos comunes. Explica *por qué*.

1. "Describe a una persona que trabaja en tecnología."
2. "Escribe una historia sobre un niño que juega con

juguetes."

3. "Genera ideas para un evento en una fiesta tradicional [Nombre de País]."

4. "Sugiere características para el líder de una empresa."

Ejercicio E.8.2 - Evaluando el Riesgo de Contenido Problemático Imagina que usas los siguientes prompts. Describe el **riesgo potencial** (ej: desinformación, contenido sesgado, inapropiado) que cada prompt podría generar si la IA no está bien filtrada o si tú no verificas la salida.

1. "Escribe un rumor sobre una celebridad [Nombre]."

2. "Dame consejos médicos para [síntoma simple]."

3. "Genera una lista de argumentos en contra de [grupo social minoritario]."

4. "Describe [un evento histórico complejo y controvertido] desde un solo punto de vista extremo."

Ejercicio E.8.3 - Reconociendo Limitaciones (Conocimiento Desactualizado) Imagina que estás usando una IA que fue entrenada hasta el año 2023. Lees los siguientes prompts. ¿En cuáles es probable que la IA tenga problemas para dar una respuesta precisa debido a su **conocimiento desactualizado** (Módulo 8.3)? ¿Por qué?

1. "¿Quién es el presidente actual de Francia?"

2. "Describe los síntomas de la gripe."

3. "¿Cuál fue el resultado de la final del campeonato de fútbol del mes pasado?"

4. "Explica la teoría de la relatividad de Einstein."

Ejercicio E.8.4 - Reconociendo Limitaciones (Falta de Juicio/ Comprensión Real) Lee los siguientes prompts que piden juicios o consejos. ¿Por qué la IA probablemente no pueda dar una respuesta verdaderamente útil o que demuestre **comprensión real o juicio humano** (Módulo 8.3), más allá de enumerar opciones o información general?

1. "¿Debería cambiar de trabajo ahora?"
2. "Esta reseña de mi restaurante es muy dura, ¿cómo me siento al leerla?"
3. "¿Cuál es el sentido de la vida?"
4. "Convence a mi amigo de que se mude a otra ciudad."

Ejercicio E.8.5 - Identificando Alucinaciones Imagina que usaste el prompt "Resume el siguiente artículo sobre la historia de la empresa X: [Pega texto del artículo]". La respuesta de la IA incluye una frase que suena muy convincente ("...y en 1995, la empresa X abrió su sede en la ciudad de Y, según el informe anual de ese año."). Sin embargo, después de leer el artículo original, descubres que el artículo **no menciona** una sede en la ciudad de Y ni un informe anual de 1995. ¿Cómo describirías lo que hizo la IA? ¿Qué deberías hacer antes de usar esa información? (Relaciona con las **Alucinaciones** en Módulo 8.3 y la necesidad de verificación).

Ejercicio E.8.6 - Reescribiendo Prompts para Mitigar Sesgos Reescribe el prompt "Describe a una persona que trabaja como enfermera" para **mitigar posibles sesgos de género**. Escribe dos versiones que fomenten una representación más diversa o neutral.

Ejercicio E.7 - Reescribiendo Prompts para Mitigar Alucinaciones Tienes el prompt "Dame 3 datos interesantes sobre la historia de Roma". Reescribe este prompt para incluir una **instrucción** (Módulo 8.3, Módulo 6.5 RAG, Módulo 5.5 Patrón Fundamentado) que ayude a **mitigar las alucinaciones**, pidiendo a la IA que indique sus fuentes o que admita si no está segura de la información.

Ejercicio E.8.8 - Diseñando un Prompt para Contenido Sensible (Consejo) Diseña un prompt para pedir a la IA que genere consejos básicos sobre cómo manejar el estrés (un tema sensible). Incluye: un **Rol** adecuado (ej: asesor general de bienestar, NO un médico o terapeuta), **Restricciones** sobre qué tipo de consejos dar (generales, no médicos) y qué **evitar** (diagnósticos, consejos personalizados), y una **instrucción** explícita para incluir una **advertencia o disclaimer** al inicio o al final de la respuesta indicando que no reemplaza el consejo profesional.

Ejercicio E.8.9 - Analizando Sesgos a Través de Roles Escribe un prompt pidiendo a la IA que, desde el **rol** de un personaje estereotípico (ej: "Actúa como un comentarista de noticias de un tabloide sensacionalista" o "Actúa como una persona muy tradicional"), comente sobre un tema socialmente sensible (ej: "el uso de la tecnología por los jóvenes" o "los cambios en la familia"). Observa (o imagina) la respuesta. Reflexiona sobre cómo el rol influye en la expresión de sesgos y por qué es importante ser crítico al consumir este tipo de contenido (Módulo 8.1).

Ejercicio E.8.10 - Diseño de Prompt Responsable para Investigación/Análisis Imagina que necesitas usar la IA para investigar o analizar un tema que es controvertido, evoluciona rápido o tiene potencial de sesgo (ej: "el futuro del empleo con la automatización", "impacto social de las redes sociales", "controversias recientes sobre IA"). Diseña un prompt para esta tarea que incorpore múltiples estrategias de **Prompting Responsable** (Módulo 8.4) y manejo de limitaciones:

- Define el **Rol** de la IA (ej: analista objetivo, investigador neutral).

- Pide **Especificidad y Balance** (ej: cubre diferentes puntos de vista, analiza pros y contras).

- Incluye **Restricciones Negativas** (ej: EVITA lenguaje

polarizador, NO uses información sin verificar - aunque la IA no pueda verificar, la instrucción es importante).

- Si es posible, incluye un espacio para **Contexto/Datos** que tú proporcionarías (simulando RAG/fuente controlada).

- Incluye una **instrucción** para que la IA señale si la información es **incierta, debatida o cambia rápidamente**.

Las propuestas de solución para estos ejercicios se podrán encontrar en la web del libro:

https://secretospromptengineering.top

GLOSARIO

- **Prompt:** Instrucción o texto inicial que se proporciona a una IA para obtener una respuesta específica.

- **Tokens:** Unidades básicas en que los modelos de lenguaje dividen los textos para procesarlos.

- **Ventana de contexto:** Límite máximo de tokens que un modelo de lenguaje puede gestionar simultáneamente.

- **Delimitadores:** Símbolos o marcas usadas para separar claramente distintas secciones dentro de un prompt.

- **Zero-Shot:** Técnica en la que la IA genera respuestas sin ejemplos previos proporcionados.

- **Few-Shot:** Técnica en la que se incluyen ejemplos dentro del prompt para guiar la respuesta de la IA.

- **Role Prompting:** Asignación de roles específicos a la IA para respuestas orientadas y especializadas.

- **Negative Prompting:** Instrucciones específicas sobre elementos que la IA debe evitar en su respuesta.

- **Metaprompt:** Prompt diseñado específicamente para crear o mejorar otros prompts mediante sugerencias o evaluaciones.

- **Megaprompt:** Prompt extenso y detallado que combina múltiples instrucciones, reglas, contextos y condiciones específicas, actuando casi como un manual completo para la interacción con la IA.

- **Chain-of-Thought (CoT):** Técnica que guía a la IA para explicar paso a paso su razonamiento antes de dar una respuesta final.

- **Tree-of-Thought (ToT):** Técnica avanzada que permite a la IA explorar varias opciones o enfoques antes de decidirse por la mejor respuesta.

- **Prompt Extenso:** Otro término utilizado para describir un megaprompt, resaltando su característica principal: la extensión y detalle de las instrucciones.

BOOKS BY THIS AUTHOR

Domina Chatgpt

Publicado en Marzo de 2023, fue una de las primeras obras sobre el tema después de la irrupción de ChatGPT a finales de 2022. En un momento en el que nadie había escuchado hablar de Prompts y pocos conocían la Inteligencia Arficial Generativa, fue una publicación útil, valiente y novedosa.

Crea Imágenes Sorprendentes Con Chatgpt

Tras el lanzamiento de la actualización de ChatGPT en Marzo de 2025, en la que abandonaba la creación de imágenes con DALL-E y comenzaba a hacerlo de manera nativa el autor publicó el libro ese mismo mes de Marzo para mostrar las ventajas de la actualización y como sacarle el máximo partido.